Helden ohne Degen

Edition Ernst Freiberger-Stiftung

Helden ohne Degen

Der Schinkelplatz in Berlin

mit Beiträgen von
Helmut Engel, Ernst Freiberger und Rupert Scholz

Inhalt

Ernst Freiberger
Kultur der Erinnerung – Erinnerungskultur 7

Rupert Scholz
Hauptstadt Berlin und deutsche Geschichte
    Pflege der Geschichte – Aufgabe der Hauptstadt 11

Helmut Engel
„Von deren sorgfältiger Pflege das Vaterland
Aufschwung und vermehrtes Ansehen
in friedlicher Entwicklung auch fernerhin zu erwarten hat" 21

Ort und Zeit 22
    Die öffentliche Wahrnehmung 22
    Die Zeitumstände 23
    Die langweiligen Zeiten 26
    Der Neubeginn 27
    Der Friedrichwerder zur Zeit der Bauakademie 32
    Die Bewohner und ihre Häuser 36
    Die neue Friedrichwerdersche Kirche von Schinkel 40

Die Entstehung des Platzes und der Denkmäler 44
    Die Entscheidung des Prinzregenten 44
    Das Denkmal Thaer – die Vorgeschichte 45
    Denkmalwürdigkeit 50
    Die ersten öffentlichen Denkmäler 51
    Statuetten, Büsten, Plaketten und Grabmonumente 56
        Statuetten 56
        Büsten 58
        Medaillen 61
    Der Platz vor der Akademie als Denkmalort 61
    Der Denkmalort Altes Museum 66
    Der Denkmälerstreit 69

Die Geehrten   72
    Albrecht Daniel Thaer   72
    Christian Peter Wilhelm Beuth   78
    Karl Friedrich Schinkel   82

Die Denkmäler Thaer, Beuth, Schinkel   86

Die Bauakademie   96
    Die Nutzung der Bauakademie   98
    Die Gebäudekonstruktion   100
    Das Bildprogramm der Bauakademie   103
    Das Bauwerk im Inneren   107
    Die Gewerbetreibenden   110
    Organisatorische Zuordnung der Baubehörden   112
    Die allgemeine Bauschule   112
    Die Oberbaudeputation   115

Der Schinkelplatz danach   117

Anmerkungen   122

Helmut Engel

Heimat Berlin   125
    Wie kann Berlin heute „Heimat" und nicht nur „Lebensmittelpunkt" sein oder künftig werden?   128
    Berlin ist als Gemeinwesen keine homogene Stadt!   131

Anmerkungen   133

Quellen und Literatur   134

Abbildungsnachweis   137

Ernst Freiberger

Kultur der Erinnerung – Erinnerungskultur

„Ohne Geschichte gibt es keine Zukunft." Dieser Satz ist nicht neu, wird in unserer schnelllebigen Zeit jedoch häufig verdrängt. Wichtig scheint heute vor allem das reibungslose und optimale Zusammenwirken von Funktionsabläufen zu sein, wobei die notwendige Erinnerung immer mehr ins Hintertreffen gerät. Dabei bedeutet der Begriff „Erinnerung" in diesem Zusammenhang keinesfalls das bloße Wissen über historische Abläufe und eine verklärte Rückerinnerung an vermeintlich 'goldene Zeiten', die so oft bemüht werden, um Kritik an der Gegenwart zu üben und zu begründen. Erinnerung heißt vielmehr, sich die Erfolge früherer Generationen ebenso vor Augen zu führen wie deren Fehler und auch Scheitern. In diesem Sinne ist Erinnerung hilfreich, um daran das eigene Handeln zu messen und Zurückliegendes als Mahnung, aber zugleich auch als Ansporn zu begreifen.

Der Schinkelplatz in der deutschen Hauptstadt steht geradezu symbolhaft für die Wichtigkeit des Erinnerns im wohlverstandenen Sinn. Sich dieses Platzes mit dem Gebäude der Bauakademie und seinen drei früheren Denkmälern zu erinnern, ist das eine. Sich zu fragen, warum der Schinkelplatz im Inferno des Zweiten Weltkrieges verwüstet wurde und warum er in der Stadtplanung der DDR unterging, ist das andere. Und das dritte schließlich ist die Frage, warum wir uns eigentlich heute bemühen, diesen Platz und seine Denkmäler wieder herzurichten und an seine Ursprungsgestaltung anzuknüpfen.

Der Schinkelplatz hatte im Denken der kommunistischen Machthaber nach dem Zweiten Weltkrieg keinen Raum mehr, weil im Rahmen der übergreifenden Stadtplanung an seiner Stelle das Staatszentrum der DDR entstehen sollte. Für die Selbstdarstellung und das Selbstbewusstsein der DDR war es von großer Bedeutung, hier – im historischen Kern Berlins – das Außenministerium als Symbol des Jungen Staates zu errichten, wobei nach der Wende auch das Schicksal dieses Gebäudes besiegelt war.

Die Lehre aus dem Abbruch der Bauakademie zu ziehen, kann aus heutiger Sicht nur heißen, die Wichtigkeit eigenen Handelns stets der Bedeutung einer noch vorhandenen historischen Topographie und ihrer Bauten gegenüberzustellen – und damit zugleich zu relativieren – und zu einem vorsichtigen Umgang mit der steingewordenen „Erinnerung" zu mahnen. Altes lähmt nicht, sondern die Zeugen der Geschichte bereichern ganz wesentlich unser eigenes, heutiges Leben.

Obwohl auch die Machthaber nach 1945 die Bedeutung der Schinkelschen Bauakademie kannten, ließen sie sie abreißen. Und wenngleich die politische Führung in Ost-Berlin Schinkel in den frühen fünfziger Jahren des stalinistischen Realismus für die Entwicklung einer eigenständigen berlinischen Bautradition in Anspruch nahm, ließ sie nicht zu, dass dessen Denkmal an seinen ursprünglichen Platz zurückkehren durfte. Andererseits aber haben die Landwirte

1952 das Standbild Albrecht Daniel Thaers in den Lichthof der Landwirtschaftlich–Gärtnerischen Fakultät der Humboldt–Universität geholt, um ihm dort einen Ehrenplatz einzuräumen.

Die ersten „Helden ohne Degen" – Thaer, Beuth und Schinkel – werden nun wieder auf ihre angestammten Plätze auf dem Schinkelplatz zurückkehren können. Nachdem sie im 19. Jahrhundert nur gegen die Bedenken des Monarchen überhaupt mit Denkmälern auf öffentlichem Platz hatten geehrt werden können, sollen sie jetzt wieder den Platz einnehmen, der ihnen räumlich und in der Erinnerung gebührt. Denn die Entwicklung zur heutigen Landwirtschaft wurde durch Thaer eingeleitet. Der Niedergang der Berliner Industrie nach dem Zweiten Weltkrieg hatte die Erinnerung an Beuth wieder wachgerufen, der unter schwierigsten Umständen nach der preußischen Katastrophe von 1806 und den notvollen Zeiten der Befreiungskriege und den folgenden ersten Friedensjahren den Gewerbefleiß in Preußen begründet hatte. Und Schinkel schließlich ist längst wieder zum bewunderten Vorbild vieler Architekten geworden. Die Ernst Freiberger-Stiftung hat das Denkmal Thaers wieder errichtet, weil sie es sich zur Aufgabe gemacht hat, bedeutende Zeugnisse der Geschichte zu erhalten und zu pflegen. Sie trägt damit zugleich zur Entwicklung einer Kultur bei, die daran erinnert, dass die Lebensleistung früherer Generationen in hohem Maße auch Grundlage unserer eigenen Gegenwart ist.

Rupert Scholz

Hauptstadt Berlin und deutsche Geschichte

Pflege der Geschichte – Aufgabe der Hauptstadt

I   Mit der Wiedervereinigung am 3. Oktober 1990 wurde Berlin wieder deutsche Hauptstadt – zunächst nur in repräsentativer Funktion, seit dem Herbst 1999 mit dem Umzug von Bundestag und Bundesregierung nach Berlin jedoch wieder in voller Funktionsform. Für Berlin selbst beinhaltet dies eine Fülle neuer Aufgaben und neuer Herausforderungen, zu denen nicht zuletzt die für das Wesen einer Hauptstadt grundlegende Aufgabe der Pflege, Bewahrung wie Auseinandersetzung nicht nur mit der eigenen Stadtgeschichte, sondern ganz entscheidend auch mit der nationalen Geschichte, also mit der Geschichte Deutschlands und des deutschen Volks insgesamt gehört. Pflege der Geschichte in diesem Sinne bedeutet nicht bloßer oder formaler Historismus, sondern wirkliches und dauerhaftes Bekenntnis zur ganzen deutschen Geschichte – ebenso in Erinnerung und Bewahrung wie in permanenter Auseinandersetzung. Zu solcher Pflege der Geschichte gehören auch – und dies nicht nur in symbolischer Funktion – die Rekonstruktion und Restaurierung historischer Bauten wie Denkmale. Dies beginnt etwa mit dem Schlossplatz und reicht über die Wiedererrichtung der Denkmalgruppe von Schinkel, Beuth und Thaer auf dem Schinkelplatz bis hin – ebenso beispielhaft – zum ganzen Friedrichwerder. Nicht nur die inzwischen quälende Debatte um die Rekonstruktion des Berliner Stadtschlosses belegt indessen, wie wenig entwickelt historisches Bewusstsein in Berlin nach wie vor ist, wie schwer das Bekenntnis und die wahrhaft zukunftsweisende, also offensive Annahme der eigenen wie der deutschen Geschichte insgesamt fällt. Das Geschichtsbewusstsein der Deutschen ist nach wie vor vielfältig gebrochen; eine Nation indessen kann in einem solchen Zustand nicht auf Dauer leben. Deshalb muss sich das deutsche Geschichtsbewusstsein vor allem und zunächst in der eigenen Hauptstadt, also in Berlin, wieder voll entfalten, muss es hier gepflegt, erneuert und auch vielfältig rekonstruiert werden.

II   Im Bekenntnis und in der Auseinandersetzung mit der eigenen Geschichte entwickelt jede Nation, entwickelt jedes Volk seine Identität, erfahren die Menschen und Bürger ihre stärkste Identifikation mit sich selbst wie mit ihrer Nation. Jede Nation lebt aus dem bewussten willentlichen Identifikationsprozess, lebt aus dem Bekenntnis zum gemeinsamen geschichtlichen Erbe und aus dem entsprechenden Willen zur Zusammengehörigkeit wie zum schicksalshaft-gemeinsamen Zusammenleben. Unter Nation versteht man aber nicht nur diese willentliche Schicksalsgemeinschaft, wie sie vor allem E. Renan beschrieben hat, sondern heute vor allem auch ein Volk, das sich als identische Kulturnation begreift, das also aus der gemeinsamen Geschichte, der gemeinsamen Sprache, dem gemeinsamen Schicksal, dem gemeinsamen kulturellen Schöpfen und Erleben heraus seine unmittelbare Einheit und Identität gewinnt. Auch die deutsche Nation ist nicht nur als ethnische Gemeinschaft, sondern vor allem als kulturell-geschichtliche Lebens- und Schicksalsgemeinschaft zu begreifen, die jedoch – wie jede Kulturnation – der stetig neuen und immer wieder zu erneuernden Selbstvergewisserung bedarf – einer Selbstvergewisserung, die wiederum in entscheidender Weise im eigenen und gemeinsamen geschichtlichen Erbe wurzelt.

Eine Nation oder ein Volk, das die Annahme und Bewahrung der eigenen Geschichte vergisst oder gar leugnet, verliert nur allzu rasch die Bindungskräfte und Identitätsmerkmale einer lebendigen Kulturnation. Eine lebendige Kulturnation bedarf also stets eines ebenso wachen wie auch immer wieder geförderten Geschichtsbewusstseins, das sich aber niemals selektiv verstehen oder gebärden sollte. Die Geschichte eines Volkes ist stets in ihrer Gesamtheit zu sehen und zu begreifen, umfasst alle Höhen und Tiefen des historischen Schicksals – eine Einsicht, die gerade vielen in Deutschland nach wie vor schwerfällt. Die entsetzliche Tragödie des nationalsozialistischen Unrechtsregimes und der katastrophale Zusammenbruch Deutschlands nach dem Zweiten Weltkrieg haben bis auf den heutigen Tag zu einem vielfältig gebrochenen oder gar gestörten Geschichtsbewusstsein geführt. Am deutlichsten wird dies dort, wo manche glauben, die deutsche Geschichte habe gleichsam erst mit der Tragödie von 1933 begonnen und Geschichtsbewusstsein könne demgemäß nichts anderes bedeuten, als sich nach wie vor und ausschließlich mit eben jener Tragödie und ihrer Überwindung im neuen demokratischen Deutschland der letzten 50 Jahre zu bewerten wie zu behaupten. Geschichte lässt sich aber nicht teilen oder selektionieren. Auch die des deutschen Volkes ist eine ungleich längere, eine ungleich vielfältigere und ungleich differenziertere, muss also auch in ihrer entsprechenden Gesamtheit wie Differenziertheit gesehen und angenommen wie bewahrt werden. Wer demgegenüber gleichsam den Ausstieg aus der eigenen Geschichte oder aus Teilen derselben versucht, der stellt letztendlich nicht nur sich selbst, sondern auch und namentlich die gesamte eigene Kulturnation, ihre Wurzeln und Traditionen in Frage – mit der weiteren Konsequenz mangelnder Identität und mangelnder Identifikationsmöglichkeit für jeden einzelnen Bürger, für alle kommenden Generationen.

Die Geschichte aller europäischen Völker, also auch des deutschen Volkes, ist maßgebend die der einzelnen Kulturnationen. Gerade aus ihrer Vielfalt und Unterschiedlichkeit lebt die europäische Geschichte in ihrer Gesamtheit und nur auf ihrer Grundlage kann auch das Vereinte Europa, also die Europäische Union, wirklich und in stabiler

Form zusammenwachsen. Niemand hat dies treffender als Charles de Gaulle mit seinem Wort vom „Europa der Vaterländer" umschrieben. Wer demgegenüber glaubt, dass mit der Gründung und dem weiteren Zusammenwachsen der europäischen Nationalstaaten zur Europäischen Union die Geschichte der europäischen Vaterländer bzw. der entsprechend unterschiedlichen Kulturnationen beendet sei, der begibt sich auf einen wahrhaft unhistorischen, ja geschichtswidrigen Irrweg. Kein europäisches Volk ist willens oder auch nur fähig, die eigene Geschichte zu verleugnen, sich gleichsam in 'geschichtsloser' Form auf den Weg in ein vereintes Europa zu begeben, das dann letztlich nichts anderes sein oder werden könnte als eine schlicht politisch-administrative Zweckgemeinschaft, die ihrerseits ebenso rasch von den Bürgern in allen europäischen Ländern geleugnet oder verworfen werden würde. Die Identität wie der Reichtum Europas beruhen auf der so unendlich breiten und vielfältigen Geschichte seiner Kulturnationen und ihres gerade insoweit auch gemeinsamen geschichtlichen Erbes. Wenn die Vereinigung und das Zusammenwachsen Europas die staatsrechtliche Überwindung traditioneller Nationalstaatlichkeiten bedeutet, besteht in einem vereinten Europa doch unverändert die jeweils eigenständige Nationalgeschichte fort – und bleiben damit auch die sich als solche behauptenden und immer wieder selbst vergewissernden unterschiedlichen Kulturnationen. Dies müssen auch wir Deutschen begreifen, auch die deutsche ist ein zentraler Bestandteil der europäischen Geschichte insgesamt. Auch Deutschland wird seinen Platz im „Europa der Vaterländer" in dauerhafter und wahrhaft identitätsstiftender Qualität nur dann gewinnen können, wenn die Deutschen sich selbst zu ihrer Geschichte bekennen, diese uneingeschränkt annehmen und sich damit – ebenso wie die Franzosen, die Spanier, Italiener und Briten – im vollen Bewusstsein geschichtlich eigenständiger Kulturnationen in den Prozess der weiteren Einigung Europas einbringen.

Hierin liegt kein Widerspruch zu den modernen Entwicklungen von übergreifender Europäisierung und internationalisierender Globalisierung. Im Gegenteil, je intensiver die Prozesse von Europäisierung und Globalisierung vor allem im ökonomischen Bereich voranschreiten, desto mehr suchen die Menschen Halt, Identität und Geborgenheit in der eigenen, mitunter sogar nur lokal verstandenen Gemeinschaft; und dies bedeutet in der eigenen nationalen Geschichte und der von ihr maßgebend geprägten und auch so verstandenen Heimat. Wenn man so will, könnte man sagen, dass die modernen Entwicklungen von Europäisierung, Internationalisierung und Globalisierung für den einzelnen Menschen nur dann wirklich annehmbar und verträglich zu gestalten sind, wenn man zugleich die vor allem kulturgeschichtlich definierten Besonderheiten und Traditionen der politisch wie – noch mehr – ökonomisch immer enger und immer interdependenter zusammenrückenden staatlichen Gemeinschaften nicht vergisst, sondern – in gleichsam kompensatorischer Funktion – beachtet, pflegt und bewahrt. Für Völker mit historisch gefestigtem National- und Geschichtsbewusstsein, wie beispielsweise die Franzosen, Briten, aber auch die Polen, ist dies selbstverständlich. Selbstverständlich werden muss dies aber auch für uns Deutsche. Auch die deutsche Kulturnation muss sich wieder stärker zu ihren eigenen Wurzeln wie Traditionen bekennen, muss diese in die Prozesse von Europäisierung und Globalisierung einbringen und damit auch ihren Bürgern jenen identitätsstiftenden wie -bewahrenden Halt geben, dessen jeder Mensch auf dieser Erde bedarf.

III   In diesen Prozessen der Bewahrung wie mitunter auch Wiedergewinnung des immer wieder neu zu belebenden Bekenntnisses zur eigenen Geschichte und ihrer identitätsstiftenden Kraft fällt der Hauptstadt des jeweiligen Volkes eine ebenso besondere Rolle wie Verantwortung zu. Denn unter einer Hauptstadt darf man nicht nur das politische Zentrum eines Staates, also den geographischen Sitz seiner Staats- und Verfassungsorgane verstehen. Der Begriff und die wiederum wahrhaft historische Funktion einer Hauptstadt greift weit über diesen eher staatlichen bzw. staatsrechtlichen Befund hinaus. Die Geschichte der europäischen Hauptstädte belegt dies in besonderer Weise. Sie waren stets und sind nicht nur politische Leitungszentren der jeweiligen Staatlichkeiten gewesen, sondern immer auch Zentren der nationalen Integration wie Identifikation. In diesem Sinne versteht sich die „Hauptstadt" also nicht nur als die mit politischen Leitungsaufgaben versehene, sondern auch als die mit nationalen Integrationsfunktionen ausgestattete bzw. die für solche Funktionen repräsentative und institutionelle Metropole eines Volkes oder Staates. Hauptstadt ist demnach jene Stadt, in der sich das Schicksal eines Volkes in besonderer Weise erfüllt oder erfüllt hat, in der sich eine Gesellschaft zum Gemeinwesen konstituiert, in der eine Nation ihre politische Konstituierung zum Nationalstaat erfahren hat. Dass dies häufig mit viel Blut und Tränen erfolgt ist, ändert nichts daran; denn dies ist nun einmal die Geschichte der europäischen Nationalstaaten und ihrer häufig mit viel schmerzhaften Wehen verbundenen Staatsgründungen.

Seine besondere Wurzel findet dieser integrationspolitische Sinn gerade der klassisch europäischen Hauptstadt in der Repräsentanz der jeweiligen Kulturnation und ihres historischen Erbes. Gerade die Hauptstädte verkörpern in aller Regel auch die kulturellen Metropolen ihrer Staaten. Sie konzentrieren die geistigen und ideellen

Traditionen wie Aktivitäten, weil diese ihre besondere Präge- und Identifikationskraft für das ganze Land, für das ganze Volk am besten in einer Hauptstadt repräsentieren und sich von dort am besten und unmittelbarsten bewahren und tradieren lassen. In diesem Sinne tritt die geistig-ideelle Integrationskraft einer Hauptstadt neben ihre staatlich-politische Integrationswirkung, ergänzt sich mit dieser wechselseitig und entfaltet auf diese Weise jene umfassende und ein Gemeinwesen in seiner ganzen Vielfalt wie Einigkeit durchmessende Struktur, die es prinzipiell jedem Staatsbürger ermöglicht, sich buchstäblich 'vor Ort' repräsentiert und identifiziert zu finden. Gerade der Hauptstadt kommt eine herausragende Rolle bei jeder staatlichen Konstituierung, bei jeder nationalen Einigung, bei jeder innergesellschaftlichen Befriedung und Vereinheitlichung sowie bei jeder staatsbürgerlichen Sozialisation des Einzelnen zu, wie sie keine andere territoriale Gegebenheit innerhalb eines Staates zu vermitteln vermag. Gerade wenn man Staat, Volk und Nation vor allem als vom gemeinsamen politischen Willen getragenen Verband oder als entsprechend willentliche, identitätsstiftende, integrale Gemeinschaft erkennt, und dies ist die heute einzig mögliche Erklärung wie Legitimation der staatlichen Organisation, so wird die Rolle der Hauptstadt als Zentrum umfassender Integration bzw. wahrhaft identitätsstiftender Präsentation der Geschichte wie der aktuellen Situation und aktuellen Formation von Staat wie Nation augenfällig.

Wie selbstverständlich dies alles für den Hauptstadtbegriff wie die Hauptstadttradition in Europa ist, belegen gerade so 'klassische' Hauptstädte wie Paris, London, Rom, Madrid, Warschau und Prag. Alle diese Städte sind seit jeher die nicht nur politisch-administrativen, sondern auch und vor allem die geistig-ideellen Zentren und Kulturmetropolen ihrer Länder. Gerade in diesen Hauptstädten verwirklicht sich jene besondere Identität wie Integration der jeweiligen Völker bzw. Kulturnationen – von den Franzosen über die Briten, die Italiener, die Spanier bis hin zu den Polen und Tschechen. Das neben Paris vielleicht eindrucksvollste Beispiel hierfür bildet Warschau. Man denke nur an das historische Schicksal Polens, an die vielen tragischen Abschnitte seiner Geschichte, in denen den Polen die nationale Selbstbestimmung versagt wurde und sie dennoch ihren Anspruch auf Eigenständigkeit und ihr über Jahrhunderte wirksames Identitätsempfinden bewahrt haben, in ihrem ausgeprägten Geschichtsbewusstsein niemals nachgelassen haben. All dies kulminierte stets im Bekenntnis und in der Bewahrung von Warschau als der gemeinsamen Hauptstadt Polens, artikulierte sich gerade auch nach dem Zweiten Weltkrieg in dem besonderen Engagement zum Wiederaufbau auch des historischen Warschaus und seiner großen Baudenkmäler.

IV Die deutsche Geschichte und damit auch diejenige der Hauptstadt Berlin unterscheidet sich naturgemäß vielfältig von der anderer europäischer Nationen und ihrer Hauptstädte. Die deutsche Geschichte ist vor allem die bundesstaatlicher und staatenbündischer Strukturen, also auch polyzentrischer Hauptstadtentwicklungen. Bundesstaaten und Staatenbünde verfügen in aller Regel über mehrere, oft auch miteinander konkurrierende Kapitalen. Ein deutliches Beispiel hierfür bilden etwa die USA, wo die politische Metropole Washington durchaus im Schatten der großen kulturellen und wirtschaftlichen Metropolen wie New York, Chicago oder Los Angeles steht. Polyzentrische Strukturen dieser Art können ebenso gewollt wie historisch vorgegeben sein. So weit es jedoch um die Konzentration politischer Macht und Souveränität wie historischer Gesamtrepräsentation an einem Ort geht, verfügen auch solche Staaten über eine Hauptstadt, so die USA mit Washington. Auch die deutsche Geschichte ist eine im Wesentlichen polyzentrische. Das frühere Deutsche Reich hatte nie eine klare nationale Metropole, wenn man vielleicht vom kurzen Aufflackern der nationalen und demokratischen Bewegung im Vormärz des 19. Jahrhunderts und der damaligen Rolle von Frankfurt am Main absieht. Im Übrigen dominierten die staatenbündischen und bundesstaatlichen Strukturen des Deutschen Reiches nahezu durchgehend bis zur Reichsgründung von 1871. Mit ihr wurde die preußische Kapitale Berlin zur Hauptstadt des Deutschen Reiches, mit ihr fand die nationale Einigung ihren Abschluss und Deutschland mit Berlin seine wirkliche, ebenso einheitliche wie gemeinsame Hauptstadt – und dies nicht nur im staatlich-politischen oder geopolitischen, sondern auch im allgemein-nationalen und damit entsprechend identitätsstiftenden Sinne. Die Stadt wurde zum Symbol des nationalen Einigungswillens der Deutschen, was sich zunächst zwar mehr aus dem preußischen Primat im Reich erklärte, was aber in der weiteren Entwicklung auch seine Bestätigung wie seinen Abschluss in Berlin als der auch geistig-kulturellen und wirtschaftlichen Metropole Deutschlands erhielt.

In der weiteren Entwicklung Deutschlands, in allen Höhen und schrecklichen Tiefen, war Berlin die wirkliche Hauptstadt Deutschlands, erfüllte sich hier Deutschlands Schicksal ebenso richtungsgebend wie beispielhaft: vom Kaiserreich zur Weimarer Demokratie, von der nationalsozialistischen Diktatur über den Widerstand gegen diese bis hin zum Nachkriegsschicksal Deutschlands mit Teilung, Willen zur Freiheit und Demokratie sowie kommunistischer Diktatur und Mauerbau und schließlich zur Wiedervereinigung in einem einheitlichen, freien und demokratischen Deutschland. Berlin erfüllte in allen diesen Zeiten die Funktion einer eigentlichen Hauptstadt, wobei der – verglichen mit anderen Staaten – relativ kurze Zeitraum, in der sie Reichshauptstadt war, keine historisch maßgebende Rolle gespielt hat. Denn unverändert erfüllte sich das deutsche Schicksal vorrangig in und am Schicksal dieser Stadt. Deshalb gingen auch alle jene Stimmen fehl, die da meinten, teilweise auch und gerade unter Berufung auf ihre relativ kurze Zeit als politische Zentrale, dass sich die Rolle Berlins als deutsche Hauptstadt auf Dauer oder endgültig erledigt habe. Berlin ist auch nicht nur die „unfertige" Hauptstadt einer „unfertigen Nation" gewesen (J. Engert), allenfalls – mit H. Plessner gesprochen – einer „verspäteten Nation". Dennoch: die deutsche Nation bestand ungleich länger, sie war nie eine nur „unfertige Nation" und sie hat, wenngleich nur für eine kurze Zeit, auch eine wirklich „fertige Hauptstadt" mit Berlin entwickelt oder erhalten. Wer hier den Einwand des „kurzen geschichtlichen Zeitraums" anführt, argumentiert gerade historisch zu kurzräumig oder zu kurzatmig. Maßgebend vor der Geschichte sind nicht statistische Jahresfristen oder Jahreszeiträume, sondern die historischen Ereignisse, die ein Volk und sein Staatswesen einschließlich seiner Hauptstadt entscheidend geprägt und geformt haben, gleichgültig ob dies in sehr langfristigen Entwicklungsprozessen oder in solchen mehr kurzfristiger Art geschehen ist.

Nach dem Zweiten Weltkrieg konnte Berlin zunächst keine Hauptstadtfunktion im politischen Sinne mehr wahrnehmen. Die Stadt stand in dieser Zeit unter der Souveränität der vier Siegermächte, in ihr galt die Hoheit des Besatzungsrechts; und dennoch sah sich Berlin auch in seiner 'ruhenden' Hauptstadtfunktion von den Alliierten bewahrt. Gerade deshalb wurde Berlin als besonderes Besatzungsgebiet ausgewiesen, wurde hier ein gesondertes Vier-Mächte-Statut geschaffen. In den Zeiten des Ost-West-Gegensatzes wurde Berlin buchstäblich zur „Frontstadt" – stellvertretend wiederum für das deutsche Schicksal, aber auch das ganz Europas. Das große Engagement vor allem der Amerikaner für Berlin beginnend mit der Politik des Präsidenten Truman und dem Marshall-Plan führte zur Luftbrücke 1948/49 und dies wiederum – maßgebend über Berlin – zum Hineinwachsen der Deutschen in die Wertegemeinschaft der westlichen Demokratien. Unvergesslich und beispielhaft hierfür sei der amerikanische General Lucius D. Clay zitiert, der nach seiner Rückkehr in die USA vor dem amerikanischen Repräsentantenhaus zu Berlin, der Berliner Blockade und der Luftbrücke sagte: „Ich habe in Berlin die Wiedergeburt des Geistes und der Seele eines Volkes erlebt" (17. 5. 1949).

Dies sind alles Daten der jüngeren und neueren deutschen Geschichte. Es sind aber auch Daten, welche die große und ungebrochene Tradition der Hauptstadt Berlin und ihrer für alle Deutschen stehenden Geschichte dokumentiert. Umgekehrt findet dieser Sachverhalt seine Bestätigung auch in dem ausgelaufenen Hauptstadtprovisorium Bonn.

Bonn war nie – und wollte dies auch nie – eine wirkliche Hauptstadt. Bonn war und verstand sich als Provisorium bis zu dem Zeitpunkt, an dem Berlin wieder seine angestammte Funktion übernehmen konnte. Gerade diese provisorische Regelung hielt die Hauptstadtfrage und damit auch die deutsche Frage insgesamt mit Recht offen, band das Schicksal der geteilten deutschen Nation fast institutionalisiert auch an ein Hauptstadtvakuum. Nachdem dieses Vakuum jedoch endlich beendet ist, muss Berlin die wiedergewonnene Funktion auch wirklich annehmen und wieder zur wahren Hauptstadt aller Deutschen werden; und dies bedeutet vorrangig auch: Berlin muss wieder zum Zentrum einer deutschen Kulturnation werden, die sich auf ihre Geschichte besinnt, die diese pflegt und die auf der Grundlage eines ungebrochenen Geschichtsbewusstseins wieder identitätsstiftende Kraft für ganz Deutschland entfaltet.

V Die Hauptstadt Berlin muss für die gesamte deutsche Geschichte und ihre Bewahrung stehen. Berliner Geschichtsbewusstsein darf also nicht nur im lokalen oder gar kommunalen Sinne definiert und verstanden werden. Nein, Berlin muss für die Geschichte ganz Deutschlands und die aller Deutschen stehen, wobei auch die polyzentrische Struktur des Bundesstaats Bundesrepublik Deutschland hieran nichts ändert. Berlin wird innerhalb dieses Bundesstaats zwar stets in einem Wettbewerb mit den anderen regionalen Metropolen, etwa mit München, Frankfurt am Main, Hamburg, Dresden und Köln oder Düsseldorf, stehen. Dies umschreibt aber nicht nur einen Tatbestand geschichtlich-föderalistischer Kontinuität, sondern auch den fruchtbarer Konkurrenz und durchaus geschichtskonformer Vielfalt. Andererseits darf sich Berlin nicht auf die Pflege oder gar Vorrangigkeit ausschließlich regionaler Geschichte, etwa der Preußens, beschränken. Berlin steht zwar in entscheidender Weise für die preußische Geschichte und auch diese darf nicht vernachlässigt oder gar verdrängt werden. Sie bildet ein zentrales Element Berlins und seines historischen Werdegangs. Die preußischen Wurzeln der deutschen Hauptstadt sind aber nicht deren einzige. Berlin muss die historischen Vielfältigkeiten innerhalb der deutschen Kulturnation insgesamt aufnehmen, diese miteinander verbinden und in wahrhaft identitätsstiftender Weise ebenso zusammen- wie weiterführen. Es ist dies ist die entscheidende Aufgabe als nationale Metropole und Hauptstadt. Im Lichte der europäischen und auch globalen Entwicklung muss Berlin diesen gesamtstaatlichen Auftrag auch und namentlich im Miteinander wie in der Konkurrenz mit den anderen großen europäischen Metropolen, von Paris über London bis Warschau, annehmen und in würdiger Repräsentanz die deutsche Geschichte als Teil jener Gesamteuropas vertreten. Politisch wird im

Zuge der weiteren Entwicklung der Europäischen Union der Einfluss der nationalen Hauptstädte naturgemäß zurückgehen. Mehr und mehr politische Leitungsfunktionen werden europäisiert, wechseln territorial nach Brüssel, Straßburg oder Luxemburg. Diese Residenzen der Europäischen Union sind jedoch keine Hauptstädte im vorgenannten Sinne, sie sind letztlich nichts anderes als politisch-administrative Zentren. Da es kein europäisches Staatsvolk bzw. keine einheitliche „europäische Nation" gibt, da Europa also der Verbund der „Vaterländer" bzw. der europäischen Kulturnationen ist, bleibt auch in ebenso erneuerter wie gesonderter Form der Auftrag an die Hauptstädte, im Konzert der Mitgliedstaaten der Europäischen Union die jeweiligen nationalen Besonderheiten, die jeweiligen Identitäten und ihre historischen Wurzeln wie Traditionen in unverändert identitätsbestimmender und -wahrender Qualität zu vertreten – und dies auf der europäischen Bühne wie im eigenen nationalen Bereich. Innerhalb der Europäischen Union entwickelt sich – wenn man so will – ein neuer Polyzentrismus der Hauptstädte; und auch dies formuliert eine elementar neue Herausforderung an die Hauptstadt Berlin.

Der sowohl geschichtliche als auch zukunftsweisende Weg Berlins ist damit bestimmt. Er reicht von der preußischen Metropole über die Reichshauptstadt, die Bundeshauptstadt bis zur polyzentrisch-europäischen Repräsentanz Deutschlands. Dies alles aufzunehmen, wirklich und wirksam zu vertreten bedingt aber wiederum ein ebenso waches wie gefördertes Geschichtsbewusstsein. Noch einmal: Berlin muss die ganze deutsche Geschichte annehmen, muss sie über alle Höhen und Tiefen hinweg vertreten, vor dem deutschen Volk wie vor allen anderen europäischen Nationen repräsentieren und damit auch selbst in entscheidender Weise für die Identifikation und Selbstvergewisserung aller Deutschen sorgen. Dies wird einem 'geschichtslosen' Berlin nicht gelingen. Dies kann nur ein Berlin, das sich auch in seiner eigenen städtebaulichen Kultur auf die historischen Traditionen besinnt, diese ebenso bewahrt wie überall dort erneuert und rekonstruiert, wo dies geboten ist. Und damit schließt sich der Kreis zu den Eingangsbemerkungen. Bewahrung und Pflege dieser Traditionen bedeutet auch, überall dort in Rekonstruktion und Restaurierung zerstörter oder auch vergessener historischer Bauten wie Denkmale den Willen zur Bewahrung der deutschen Geschichte zu dokumentieren und zu beleben, wie dies für eine so große und so unvergängliche Kulturnation, wie sie auch wir Deutschen repräsentieren, selbstverständlich sein muss.

Helmut Engel

„VON DEREN SORGFÄLTIGER PFLEGE DAS VATERLAND AUFSCHWUNG UND VERMEHRTES ANSEHEN IN FRIEDLICHER ENTWICKLUNG AUCH FERNERHIN ZU ERWARTEN HAT"

Ort und Zeit

Die öffentliche Wahrnehmung

1832 veröffentlichte der junge Karl Gutzkow in den „Korrespondenz-Nachrichten" eine Betrachtung über die Bautätigkeit in Berlin. „In den langweiligen Zeiten der Restauration, vor den militärischen Rüstungen und den Verheerungen der Cholera, waren die Kassen des Staates reicher gefüllt als gegenwärtig. Berlin war in zunehmender Verschönerung begriffen; die Aufführung vieler öffentlicher Gebäude ließ ebensosehr den Geschmack bewundern, in dem sie angelegt und vollendet wurden, als die Vorsicht loben, die einem großen Teile unserer Proletairs eine reichliche Nahrungsquelle sicherte. Diese Baulust ging damals auch auf Privatleute über, deren Geld und Unternehmungsgeist Berlin um ein prachtvoll gebautes Stadtquartier vergrößerte. Aber auch von dieser Seite stehen alle Plane gegenwärtig still. Die beiden öffentlichen Bauten, an die in diesem Augenblick allein gedacht wird, sind die völlige Umgestaltung des sogenannten Packhofes, eines Stapelplatzes und Warenlagers für die ankommenden Kaufmannsgüter, und ein künftiger Neubau der Bauakademie. Wer in Berlin gewesen ist, weiß, daß er, um vom Schloßplatze nach der Jägerstraße zu kommen, sich durch die lebhafteste, aber zugleich auch engste Passage, die Werderschen Mühlen, die Schleusenbrücken, die Verbindung unserer Alt- und Neustadt, durchwinden muß. Später wird diese unbequeme Gegend gelichtet werden. Dicht an der genannten Brücke wird rechts ein freier Platz beginnen, der die Aussicht nach dem Packhofgebäude und der Werderschen Kirche frei macht. Gewinnen werden bei einem solchen Projekt die Besitzer jenes Häuserwinkels von der Niederlagestraße bis zur Brücke, verlieren aber muß die kleine, winzige Werdersche Kirche, deren Unbedeutendheit bei einer großartigern und freiern Umgebung nur deutlicher hervortreten wird. / Der Bau der obengenannten Akademie hat noch nicht begonnen, aber es kann auch noch lang mit ihm anstehen, da der gegenwärtige Zustand dieses Instituts einen so bedeutenden Kostenaufwand nicht vergilt. Diese einst so blühende Anstalt ist gegenwärtig durch die Eröffnung neuer Provinzialbauschulen und die Gewerbeakademie, die sich unter der Leitung des Hrn. Beuth, unsers künftigen Handels- und Gewerbeministers, immer mehr hebt, in die tiefste Zerrüttung gesunken, so daß die Zahl der an ihr angestellten Lehrer der der Schüler gleichkommen mag. Darum bleibt vielleicht dieses Bauprojekt einstweilen noch unausgeführt."[1]

Der Leser erfuhr also die Einschätzung Gutzkows, dass die Zeit der „Restauration" „langweilig" gewesen sei – womit seine politische Einstellung deutlich wurde –, dass die Cholera und die militärischen

vorhergehende Seite:

Karl Friedrich Schinkel. Der Platz vor der Bauakademie, 1831

Für den der Bauakademie vorgelagerten dreieckigen Platz sah Schinkel eine streng baumumstandene Rasenfläche vor, um die eine Promenade verlief. Vor dem Hintergrund der zwei- bis viergeschossigen Wohngebäude entlang der Niederlagestraße hoben sich die regelmäßige Begrünung und der mächtige Baukörper der Bauakademie betont ab. Die lebhafte Silhouette der Straßenrandbebauung wurde im Hintergrund durch die beiden Türme der Friedrichwerderschen Kirche bekrönt.

Rüstungen 1832 noch immer das öffentliche Leben bestimmten und dass die Bautätigkeit mit Ausnahme von zwei Vorhaben eigentlich zum Erliegen gekommen sei – gegenwärtig erörtere man nur die Neugestaltung des alten Packhofgeländes und den damit in Verbindung stehenden Neubau der Bauakademie. Der neue Packhof war bereits an anderer Stelle des Kupfergrabens nördlich der Schlossbrücke hinter dem Alten Museum Schinkels in Betrieb genommen worden.
Die Kenntnis der Gründe für diese Entwicklung setzte Gutzkow bei seinen zeitgenössischen Lesern sicherlich als bekannt voraus.
Die „langweiligen Zeiten" waren die Jahrzehnte nach den Freiheitskriegen, in denen der König, Friedrich Wilhelm III., seine Versprechen von 1810 und 1815, dem Volk eine Verfassung zu geben, nicht einlöste und damit dessen nationalen und konstitutionellen Vorstellungen unterdrückte. Preußen stellte sich in Deutschland sogar an die Spitze dieser obrigkeitlichen Reaktion mit der Folge, dass die sprichwörtliche „Friedhofsruhe" einkehrte. Die drückenden politischen, sozialen und wirtschaftlichen Verhältnisse des Landes verschafften sich indessen in den Unruhen von 1830 – in der sogenannten Schneider-Revolte – und 1835 in der „Feuerwerksrevolution" sowie schließlich in der Revolution von 1848 gewaltsam Luft. Nach den Freiheitskriegen hatte als Folge der tief greifenden Strukturveränderungen, wie sie mit der Auflösung des absolutistischen Staatssystems und mit dem Übergang in die bürgerliche Gesellschaft des neuen Jahrhunderts mit deren Orientierung an neuen wirtschaftlichen, sozialen und politischen Verhältnissen eintraten, die Verarmung weiter Bevölkerungskreise, der „Pauperismus", um sich gegriffen. Die Notlage machte es notwendig, „einem großen Teile unserer Proletairs eine reichliche Nahrungsquelle" zu sichern.

Die Zeitumstände

Am 16. und 17. September 1830 war die Residenzstadt Berlin als Folge der Pariser Juli-Revolution für kurze Zeit durch politische Unruhen erschüttert worden. Auf dem Cöllnischen Markt und auf dem Schlossplatz war es abends zu Zusammenballungen debattierender Menschenmassen gekommen, die bereits nach kurzer Zeit von Polizei und Militär gewaltsam aufgelöst wurden. Am 15. September hatte die Obrigkeit in der Herberge der Schneidergesellen in der Breiten Straße den politische Veränderungen fordernden Schneidergesellen Schupp und am Folgetag weitere seiner Zunftgenossen verhaftet, deren Freilassung man nun an diesen beiden Tagen forderte. Zwar wurden unter dem Druck der Öffentlichkeit die Verhafteten sofort wieder auf freien Fuß gesetzt, es war aber bei Androhung von Verhaftung polizeilich verboten, am Abend in größeren Gruppen als fünf Personen auf der Straße zusammenzustehen. Erregt waren die Bürger weiterhin über die Brutalität, mit der Polizei und Militär gegen ihre Versammlungen vorgegangen waren.

Die politischen Ziele der Unruhen verdeutlichte ein mit „Brutus" unterzeichneter Anschlagzettel, der in die Polizei-Akten wanderte: „Auf, auf, ihre Teutsche! Schüttelt das Joch ab, welches seit 15 Jahren immer drückender geworden ist. Blickt nach Süden und Westen, da seht ihr ein ruhmvolles Beispiel, wie sich andere Nationen mit Gewalt ihre Freiheit erkämpfen. Wollen wir diesen nachstehen? Wollen wir noch länger Sklaven bleiben? Nein, brave teutsche Mitbrüder! Fort mit der absoluten Gewalt! Nieder mit den Händen der Tyrannei, den Gendarmen. Es lebe die Nation, es lebe eine repräsentative Verfassung! Es lebe der konstitutionelle König!"[2]

An die September-Unruhen schloss sich fünf Wochen später der am 29. November 1830 ausbrechende Warschauer Aufstand an. Er löste in Preußen die Mobilisierung von 80 000 Mann aus, die entlang der Ostgrenze des Königreichs gegenüber Polen aufmarschierten, nicht zuletzt um auch als Grenzkontrolle das Eindringen der Cholera von Russland und Polen her zu verhindern. Trotzdem erreichte die Seu-

Dorotheenstädtischer Kirchhof an der Chausseestraße.
Grab von Georg Wilhelm Friedrich Hegel, † 14. November 1831

Auf dem 1762 an der Chausseestraße angelegten Kirchhof der Dorotheenstädtischen Gemeinde fanden viele der Persönlichkeiten ihre letzte Ruhestätte, die in der ersten Hälfte des 19. Jahrhunderts das geistige Berlin geprägt hatten: Fichte, Hegel, Schinkel, Beuth, Schadow, Rauch, Stüler, Cantian, Borsig, Hufeland. Hegel wurde neben Johann Gottlieb Fichte († 1814) beigesetzt, dessen Grabstelle ein Obelisk hervorhob, während eine gedrungene Stele das Grab Hegels kennzeichnet.

che im September 1831 Berlin und forderte insgesamt 1 426 Todesopfer – unter ihnen der Philosoph Georg Wilhelm Friedrich Hegel. „..., die Geißel Gottes, wie sie auf den Kanzeln genannt wurde, war da und sogar in Berlin, in der Hauptstadt der Intelligenz, einer Stadt, wo Schinkel und Rauch und Humboldt lebten und das abstrakte Denken die Materie vergessen lehrte!"[3] Diese Gutzkowsche Kennzeichnung machte die unbegreifliche, wenn auch ironisch verklausulierte Schicksalhaftigkeit deutlich, mit der man die Cholera über die Stadt kommen sah. Die Seuche machte also um die „Hauptstadt der Intelligenz" keinen Bogen – ganz trivial siegte die „Materie" über „das abstrakte Denken". Unter dem 7. Oktober 1831 notierte denn auch der Arzt Ernst Ludwig Heim, nachdem die Seuche wieder im Abklingen war, in seinem Tagebuch: „... Die Cholera lag uns allen in den Gliedern. Es sind itzt doch ganz erbärmliche Zeiten."[4]

Die Cholera hatte im Herbst 1831 tatsächlich das gesamte öffentliche Leben gelähmt, denn da sie – wie man glaubte – durch Ansteckung übertragen wurde, wurden die Häuser isoliert, in denen eine von der Seuche befallene Person festgestellt worden war. Der Erkrankte wurde unter Polizeibegleitung in eines der eigens eingerichteten Cholerahospitäler geschafft. An den Stadttoren kontrollierte man die Reisenden auf ihre Herkunft aus möglichen Seuchengebieten und über deshalb verdächtige Personen wurde die Quarantäne verhängt. Selbst die Geldscheine mussten desinfiziert werden. Unter Einschluss von weiträumigen Absperrungen waren auch alle Vorbereitungen getroffen, um die königliche Familie in Schloss Charlottenburg vor der Cholera in Sicherheit zu bringen.

Als Folge der Seuche war neben dem Wirtschaftsleben auch die Bautätigkeit zum Erliegen gekommen und die militärische Rüstung scheint in erheblichem Umfang den Staatshaushalt beansprucht zu haben. Ursache war der fortdauernde Argwohn der Obrigkeit gegenüber möglichen revolutionären Erhebungen besonders in den kleineren deutschen Staaten; im Spätherbst 1831 war Wien auch deshalb an das preußische Kabinett herangetreten und der Bundesrat hatte mit seinen Beschlüssen vom 28. Juni und 5. Juli 1832 mit der Folge der von Gutzkow angemerkten militärischen Rüstungen reagiert. Mögliche Aufstände wollte man sofort mit militärischer Gewalt unterdrücken können.

Im August 1835 kam es in Berlin mit der sogenannten Feuerwerksrevolte zu weiteren tumultuarischen Krawallen, deren Schauplatz die Linden waren und die wieder eine Folge des brutalen Eingreifens des Militärs waren. Sie gingen mit erheblichen Verwüstungen einher. Die Einfriedungen der Mittelpromenade Unter den Linden wurden demoliert und die Laternen herausgerissen, die Fensterscheiben des Prinzessinnenpalais sowie der Kommandantur gingen zu Bruch.

Die langweiligen Zeiten

Dass andererseits in den „langweiligen Zeiten der Restauration" Neues im Entstehen war, belegte nicht zuletzt die Predigt zur Einweihung von Schinkels Friedrichwerderscher Kirche am 3. Juli 1831 über Corinther II. 5,17: „Das Alte ist vergangen und siehe es ist alles neu worden."[5]

Das voraufgegangene Jahrzehnt hatte – unbeschadet der „langweiligen Zeiten" – neue Entwicklungen eingeleitet, zu deren Kennzeichen die Modernisierung von Landwirtschaft, Gewerbe und Industrie wurden.

1821 war der „Verein zur Beförderung des Gewerbefleißes in Preußen" unter dem Vorsitz von Christian Peter Wilhelm Beuth gegründet worden. In seiner „Rede bei Eröffnung der Versammlung" des Fördervereins begründete Beuth die Notwendigkeit zur Reform des Gewerbewesens: „Wir Preußen haben bereits mehrere Vereine zur Beförderung der Landwirthschaft, und darum ist das landwirthschaftliche Gewerbe um so mehr kein Gegenstand unserer Verbindung geworden als uns ohnehin ein weites Feld für unsre Thätigkeit offen bleibt./Wenn uns übrigens der Ackerbau hier mit dem Beispiele gemeinsamer Bemühungen vorangegangen ist, so liegt es wol darin, daß der Stand der Manufakturisten und Fabrikanten in Preußen, lange gewohnt war, von der Fürsorge der Regierung und von ihrer unmittelbaren Einwirkung allein das zu erwarten, was er sich großentheils selbst hätte seyn können und sollen."[6]

Deutlich kennzeichnete Beuth – ohne den Namen Albrecht Daniel Thaers zu nennen –, dass die Reform der Landwirtschaft bereits erfolgt sei und somit dieses Gebiet des Gewerbefleißes in die Reformbemühungen nicht mehr einbezogen werden brauche, während er kritisch anmerkte, dass sich die Manufakturisten und Fabrikanten in ihren Denkgewohnheiten immer noch nicht vom merkantilistischen Dirigismus des friderizianischen Staates gelöst hätten. Die neue Philosophie laute dagegen – so Beuth in seiner Ansprache: „Wer in einem Lebensverhältnisse, welches es sey, still steht, der steht nur scheinbar still, – die Wahrheit ist, er geht zurück, es giebt nur Vorschreiten und Rückschreiten im Leben. – Diese Wahrheit ist nirgends sichtbarer als beim Betriebe der Gewerbe. – Der Gewerbetreibende lebt im Wettstreit mit seinen nächsten Gewerbsgenossen, mit den Gewerbsgenossen desselben Landes, mit denen der übrigen Welt; alle suchen es ihm zuvorzuthun, ihm den Rang abzugewinnen."[7] An die Stelle des obrigkeitlichen 'Dirigismus' sollte mit dem Gewerbesteueredikt vom 28. Oktober 1810, das in Preußen die Gewerbefreiheit eingeführt hatte, der freie Wettbewerb innerhalb einer bürgerlichen Gesellschaft treten. Als deren allgemeine Grundlagen

waren neben dem Gemeinsinn vor allem Privatinitiative und persönlicher Leistungswille zu entwickeln.
Bereits 1815 hatte Albrecht Daniel Thaer in seiner „Landwirtschaftlichen Gewerbs-Lehre" den Landwirten die Grundlagen der Ökonomie gelehrt: „Da die Landwirthschaft ein Gewerbe ist, so hat sie auch zu ihrem Endzweck den jedes anderen Gewerbes: ein Einkommen dadurch zu erwerben." Und weiter: „Wie in ihrem oberen Grundsatze [d. h. ein Einkommen zu erzielen], so kommen auch alle Gewerbe in ihren Elementen oder Factoren überein. Diese sind 1) Arbeit. 2) Capital. 3) Rohes Material. 4) Intelligenz (Kenntniß und Künstlertalent)."[8]
Die Wettbewerbsfähigkeit Preußens sollte sich in der Auffassung Beuths jedoch nicht allein – und hier folgte er ebenso wie Thaer dem Erfordernis von „Künstlertalent" – auf den technischen Entwicklungsstand der Erzeugnisse erstrecken, sondern gleichermaßen auch auf ihre künstlerische Qualität. Und so legte sich der Gewerbe-Verein eine „Verwaltungs-Abtheilung" „Für die Baukunst und die schönen Künste" zu, bestehend aus sechs Mitgliedern unter dem „Vorsteher" Karl Friedrich Schinkel: Neben dem Geheimen Oberbaurat Schinkel gehörten ihr der Hofrat Bußler, der Hof-Zimmermeister Glatz, der Professor und Bildhauer Rauch, der Baurat und Professor Schlätzer sowie der Professor und Bildhauer Tieck an.
Die Reform der Landwirtschaft war gegenüber der erst in den zwanziger Jahren einsetzenden Entwicklung des Gewerbefleißes bereits seit dem letzten Drittel des 18. Jahrhunderts unter dem Einfluss der englischen Landwirtschaft in einem längeren Prozess auf einzelnen Gütern eingeleitet worden.

Der Neubeginn

In dieser durch das Nachwirken der Cholera, durch den wirtschaftlichen Einbruch und durch die politische Reaktion geprägten Zeitstimmung entstand neben den sich entwickelnden allgemeinen Reformbestrebungen in Landwirtschaft und Gewerbe das herausragende Bauprojekt der „Allgemeinen Bauschule" nahezu als baukünstlerisch symbolhafter Ausdruck einer bürgerlichen Entwicklung, die nicht nur Architektur und bildende Künste, sondern eben auch „die Künste des Friedens" einschloss.
Ob die Bauakademie schnell errichtet werden würde, schien – so Gutzkow 1832 – angesichts ihrer geringen Bedeutung als Unterrichtsanstalt zweifelhaft. Selbst der vor der Akademie am Kupfergraben neu entstehende Platz werde städtebaulich unzulänglich ausfallen, denn die Friedrichwerdersche Kirche könne dem Erscheinungs-

bild des neuen Platzes nicht gerecht werden. Als Gewinner bei diesem Umbau des nördlichen Friedrichwerders sah Gutzkow lediglich die Grundbesitzer an der Niederlagestraße und entlang der Werderstraße bis zur Brücke über den Kupfergraben.

1830 war der seit 1824 amtierende Direktor der Bauakademie, der Oberlandesbaudirektor und Direktor der Oberbaudeputation, Johann Albrecht Eytelwein, in den Ruhestand gegangen. Sein Nachfolger wurde der Geheime Oberfinanzrat Christian Peter Wilhelm Beuth, den Gutzkow als vorbildlich in seinem Wirken darstellte und der als hoher Beamter im „Ministerium des Innern und der Polizei" wohl selbst mit der Ministerial-Verordnung vom 8. September 1831 die Reform der Bauakademie eingeleitet hatte. Wenige Tage nach dieser Ministerial-Verordnung begann allerdings die Cholera in der Stadt zu wüten.

Möglicherweise als Auswirkung der im September 1830 ausgebrochenen Unruhen und der folgenden allgemeinen Zeitumstände – um also „einem großen Teile unserer Proletairs eine reichliche Nahrungsquelle" zu sichern – nahmen spätestens im März 1831 und damit schon ein halbes Jahr vor dem Reformerlass vom 8. September in der Vorstellung Schinkels die Pläne für die Errichtung eines eigenen Gebäudes für die Bauakademie Gestalt an. Das Ausscheiden von Eytelwein und der Übergang des Direktorats an Beuth, die dringende Reform des Lehrbetriebes, die räumlichen Unzulänglichkeiten der bisherigen Unterbringung in der Zimmerstraße sowie die bessere Erschließung der Bibliothek und der Sammlungsbestände für die Öffentlichkeit bedingten den Neubau. Schinkel selbst gab in der Beschreibung seines Entwurfs die Begründung. „Eine neue Organisation des Instituts, das bisher den Namen Bauakademie trug, jetzt die Allgemeine Bauschule genannt wird, und der sehr beschränkte Raum dieser Anstalt und des Lokals der Oberbaudeputation, welche hindert, die großen Sammlungen von Zeichnungen, Karten und Modellen, sowie die diesen beiden Anstalten gemeinschaftlich zugehörige Bibliothek aufzustellen und letztere zur besseren öffentlichen Benutzung einzurichten, gaben Veranlassung zu dem neuen Bau."[9] Kennzeichnend für die Zeitstimmung war, dass die Sammlungen und die Bibliothek im Sinne der Beförderung des Gewerbefleißes für eine „bessere öffentliche Nutzung" zur Verfügung stehen sollten. Am 12. März 1831 stellte Beuth bei Friedrich Wilhelm III. den Antrag, den Bauplatz an der Stelle des alten Packhofes für das Vorhaben zur Verfügung zu stellen, wozu am 29. März bereits die königliche Genehmigung erteilt wurde. 1831 war nicht nur der Entwurf des Bauwerks im Wesentlichen bereits ausgereift, sondern Schinkel war sich auch dessen städtebaulicher Wirkung bewusst, die es zusammen mit seiner in einem langen Bauprozess von 1824 bis 1830 errichteten Friedrichwerderschen Kirche sowie mit der bestehenden Bebauung entlang der Niederlagestraße bis hin zur Kommandantur Unter den

Linden von der Schlossbrücke aus gesehen ausüben würde. Am 1. April 1832 konnte nach Abklingen der Cholera und nach dem Ende des Winters der Neubau begonnen werden. Am 8. Februar 1832 hatte zuvor der Abbruch des alten Packhofes eingesetzt. Bezogen wurde das Gebäude am 1. April 1836.

Noch vor der Inbetriebnahme erfolgte die Planung zur Anlage des Platzes vor der Bauakademie, zu welcher der königliche Gartenbaudirektor Peter Joseph Lenné am 23. November 1835 dem Ministerium zwei Vorschläge vorlegte. „Das erste Projekt" – so Lenné – „ist darauf eingerichtet, in der Mitte des Platzes dereinst ein öffentliches Denkmal zu errichten; ein kreisförmiger, mit einem eisernen Gitter eingelegter Rasenplatz umgibt das Denkmal, daran schließt sich ein mit zwei Reihen Bäumen – die innere Kugelakazien, die äußere Gleditschia triacantos [d. h. Christusdorn] – beschatteter, dem Publikum zugänglicher Raum mit mehreren Ruhesitzen. Die beiden hochstämmigen Baumgruppen zunächst der Bauschule werden aus Robina viscosa [d. h. klebrige blaßblaue Akazie], die entgegengesetzte halbkreisförmige Baumgruppe aus Aesculus rubicunda [d. h. rötlich blühende Kastanie] bestehen, und die fünf Strauchgruppen aus verschiedenen schön blühenden Holzarten und Staudengewächsen zusammengesetzt werden."[10] Der zweite, mutmaßlich in Voraussicht der königlichen Entscheidung sehr viel zurückhaltendere Entwurf sah – ohne ein Denkmal – eine Rasenfläche mit einigen eingesetzten Strauch- und

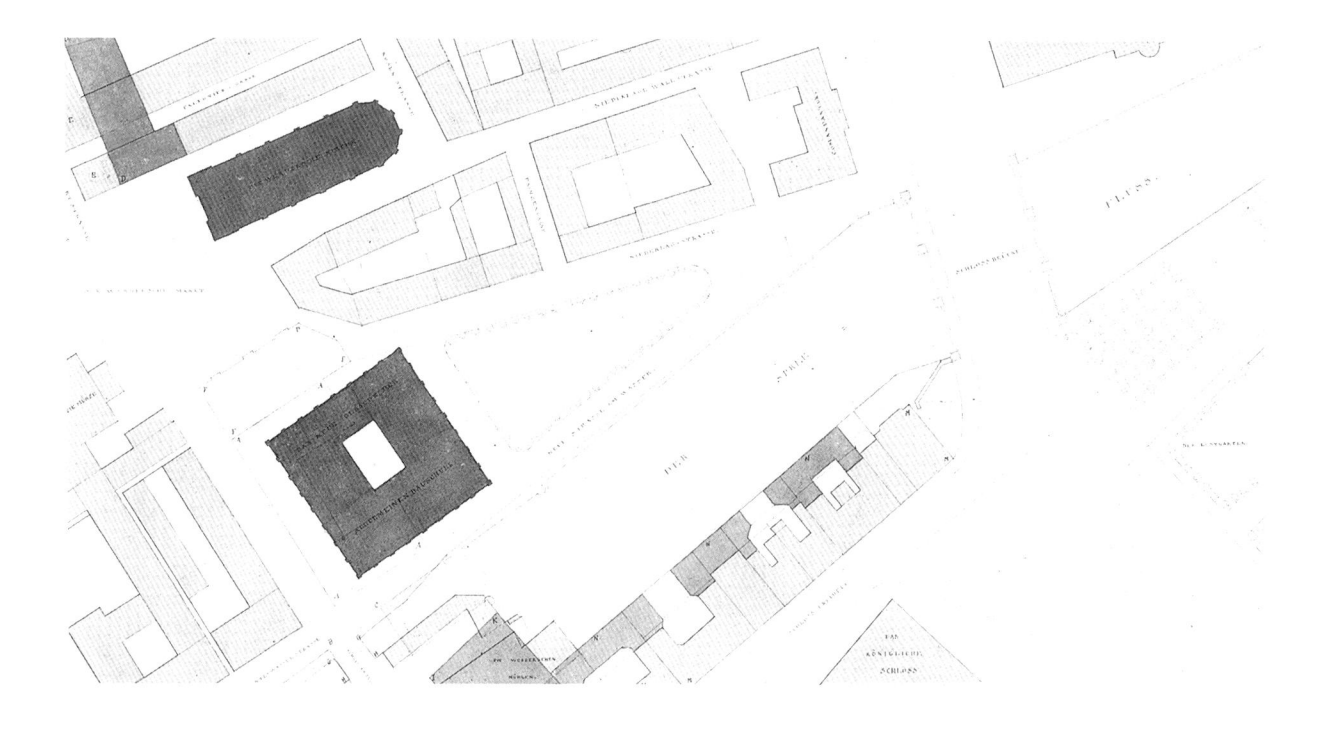

Karl Friedrich Schinkel. Der Platz vor der Bauakademie, 1831

Bei der Gestaltung der Platzfläche vor seiner Bauakademie gingen die Vorstellungen Schinkels von der strengen Grundform einer spitzwinkeligen Rasenfläche und einer deren Außenkanten folgenden einreihigen Baustellung aus. Die zum Platz gerichtete Front der Bauakademie sollte mit ihrer Breite die Basis für die Grünfläche bilden.

Friedrich Wilhelm Klose. Der Kupfergraben mit der Schinkelschen Bauakademie von der Schlossbrücke aus gesehen, 1836

Unmittelbar nach der Vollendung der Bauakademie blieb die vor ihr liegende Fläche für kurze Zeit unbefestigt, weshalb sie wohl auch für den Maler nicht mit in den Mittelpunkt seiner Bildwiedergabe rückte. Dessen Hauptinteresse galt vielmehr der Schilderung des Kupfergrabens von der Schlossbrücke bis zur Schleuse am ehemaligen Hafen.

Baumgruppen vor. Diesen zweiten Vorschlag genehmigte der König denn auch am 10. Juli 1836 – das Haus war bereits ein Vierteljahr in Betrieb. Im Herbst begonnen wurde der Platz im Mai 1837 beendet.
Entscheidend für die erste Konzeption Lennés war, dass der Raum vor der Bauakademie eigentlich ein vom Publikum besuchter Denkmalplatz sein sollte, dessen Ruhesitze zum Verweilen eingeladen hätten. Den Platz vor der Bauakademie als Ort für ein Denkmal vorzuschlagen traf eine bereits in Gang befindliche Debatte, die beim König jedoch auf taube Ohren stieß.
Als der Entwurf der Bauakademie 1831 konzipiert wurde, beanspruchte – für die Zeit überaus kennzeichnend – eine besondere technische Bravourleistung die öffentliche Aufmerksamkeit: das Schleifen der großen Granitschale aus einem mächtigen Findling,

den man unter erheblichen Anstrengungen aus den Rauhener Bergen nach Berlin transportiert hatte. Der Maler Erdmann Hummel hielt mit penibel durchkonstruierten Bildern die wesentlichen Stationen des technischen Werdeganges der Schale fest: das Schleifen in einem Fachwerkschuppen am Kupfergraben, das technisch komplizierte und nur mit Hilfe einer Hebevorrichtung mögliche Wenden des monolithischen Stückes nach seiner Fertigstellung und schließlich das im Lustgarten vor dem Alten Museum Schinkels aufgestellte Meisterstück. Nicht nur mit dem abgebildeten Gegenstand der Granitschale, sondern auch mit der Art, wie diese drei Gemälde jeweils den Bildinhalt wiedergaben, war in die Berliner Malerei ein Realismus eingekehrt, welcher der Entwurfshaltung Schinkels für die Bauakademie entsprach.

Carl Daniel Freydanck. Die Schinkelsche Bauakademie, um 1838

In seiner tatsächlichen Ausführung wich der Platz vor der Bauakademie erheblich von Schinkels Vorstellungen aus dem Jahr 1831 ab. Die Rasenfläche wurde von einem kniehohen Zaun aus schmalen Leisten umgeben. Die Bepflanzung mit Büschen und Bäumen hielt über die Grünfläche hinweg Sichtachsen auf die Bauakademie frei.

Johann Erdmann Hummel. Die Granitschale in der Schleifmaschine und aufgestellt im Lustgarten, 1831

Die Fähigkeit der dreißiger Jahre des 19. Jahrhunderts, technische Bravourstücke nicht mehr aus rein handwerklicher Kunstfertigkeit, sondern mit Hilfe von Maschinen zu vollbringen, kam wie in kaum einem anderen Beispiel in der Herstellung der mächtigen Granitschale aus einem Findling zum Ausdruck. Der Stolz auf die technischen Fertigkeiten verschaffte der Granitschale einen Standort im Lustgarten vor den Stufen des Museums. Mit vergleichbarem Anspruch an Präzision und Fortschrittlichkeit in der Baukonstruktion entwarf Schinkel das Gebäude der Bauakademie.

Die künstlerische Bedeutung der Bauakademie wurde von Adler so verstanden, dass sie aus der Durchdringung von antiker und mittelalterlicher Baukunst als These und Antithese die moderne Synthese bilde. „Ein Erstlingswerk solcher synthetischen Richtung ist die Bauschule".[11]

Der Friedrichwerder zur Zeit der Bauakademie

Möglicherweise bereits vor dem Eindringen der Cholera nach Berlin im Herbst 1831, aber mutmaßlich erst nach ihrer Einweihung am 3. Juli begann der Maler Eduard Gärtner vom Dach der Friedrichwerderschen Kirche aus ein Panorama der Residenzstadt Berlin zu malen. Bei seinen gezeichneten Vorstudien und der ersten gemalten Studienfassung des Panoramas bestanden die Bauakademie und der vor ihr liegende Platz noch nicht. Erst das endgültige Gemälde des Rundblicks zeigte das neue Bauwerk, wie es 1834 gerade im Außenmauerwerk fertig gestellt wurde.

Bei der Studienfassung seines Panoramas vermittelte Gärtner beim Blick Richtung Schloss ungeschminkt die Abfolge der Höfe der Häuser auf der Schlossfreiheit sowie einen Überblick über die noch bestehende Wasserfläche des alten Hafens und über seine Bauten, wie sie dem südlichen Ende der Schlossfreiheit gegenüber lagen. Und ebenso realistisch genau erfolgte der Einblick in die Höfe der Häuser, die auf dem Friedrichwerder die Kirche direkt umgaben. Vom Dach der Kirche aus breitete sich vor dem Betrachter eine dichte Bebauung von Wohnhäusern um enge Höfe und eine vielfältige Landschaft ziegelgedeckter Dächer unterschiedlich hoher Wohnhäuser aus. Aus ihr hoben sich in der näheren Umgebung beherrschend das Zeughaus und der Lustgarten, eingefasst von Altem Museum, der Börse und dem Dom, sowie das Schloss ab, während aus dem bis an den Horizont reichenden Meer der Häuser sonst nur die Türme der Kirchen herausragten.

Der Blick nach Süden in die Kurstraße Richtung Spittelmarkt ließ als Auftakt den Friedrichwerderschen Markt mit dem schönen Gebäude der Münze und die Stirnfront des neben ihr gelegenen Fürstenhauses erkennen, ehe die dichte Folge der Dächer jede nähere Erkennbarkeit einzelner Gebäude unmöglich machte und die Kurstraße hinter ihrer Biegung Richtung Spittelmarkt verschwand. Schon die kleine Kapelle auf dem Spittelmarkt konnte man nicht mehr wahrnehmen. Erst die Türme auf dem Gendarmenmarkt und der Baukörper des Schauspielhauses hoben sich im weiteren Verlauf des Rundblicks dann wieder aus der Dachlandschaft heraus und leiteten zu den Bauten des Forum Fridericianum mit Hedwigskathedrale, königlicher Bibliothek und Oper über. Vom Dach aus zu erahnen war, dass sich bürgerliche Häuser von unterschiedlichem sozialen Status mit vornehmen Palais mischten.

Der Rundblick vom Dach der Kirche ließ somit erkennen, dass der Friedrichwerder eine auf engem Raum dicht bebaute Stadt mit vielen öffentlichen und privaten Gebäuden war.

Eduard Gärtner. Der Friedrichwerder vom Dach der Friedrichwerderschen Kirche aus gesehen, 1834

Berlin sollte sich als Stadterlebnis für Besucher und Bürger nicht nur auf den Promenaden erschließen, sondern auch von den Türmen der Kirchen und von den Dächern öffentlicher Gebäude. Gerade von der Friedrichwerderschen Kirche aus wurde das konzentrierte Erlebnis der gesamten Stadtmitte mit Schlossbezirk, Friedrichwerder sowie Friedrich- und Dorotheenstadt möglich. Deutlich wurde auch, dass die Bauakademie ein öffentlicher Monumentalbau geworden war, vergleichbar Zeughaus und Altem Museum.

1834 wurde er folgendermaßen beschrieben: „Wie die Anlage der Friedrichstadt ein Werk König Friedrichs I. ist, so war die des Friedrichswerders die seines großen Vaters, des Kurfürsten Friedrich Wilhelm …. . Seine Anlage begann, … , im Jahre 1658, und seine Lage auf einem von dem Strom und ihre die Mühlen treibenden Kanälen gebildeten Inseln hat ihm den Namen gegeben (Insel oder Werder). Den Werder hatte Kurfürst Friedrich II. im Jahre 1442 als Eigenthum erhalten; er ließ an einem der unten erwähnten Ausflüsse eine Arche oder Schleuse bauen, theils um den Mühlentrieb zu befördern, theils um die Schiffbarmachung des Stromes vorzubereiten. Die Einschränkung des Wassers veranlaßte Ueberschwemmungen, welche im Jahre 1448 zu einem Aufruhr der Bürgerschaft Veranlassung gaben, der, wichtig durch seine Folgen, in die Verfassung der Städte Berlin und Cölln eingriff und in dieser Hinsicht diese Stadtgegend historisch merkwürdig macht; auf demselben stand früher blos ein Jägerhaus und ein Garten, in welchem Bären gehalten wurden und Brennholz aufgeschichtet stand, wovon noch heute der Namen 'Holzgartenstraße' herrührt. Die Spree hatte noch um das Jahr 1660 bei der Hundebrücke 3 Ausflüsse, welche sich um 2 sumpfige Inseln zogen. Bei der Befestigung Berlins wurden dieselben zugleich mit in die Werke gezogen und ausgetrocknet. Nachdem diese mühevolle Arbeit beendigt war, wurde der oft erwähnte Memmhardt und neben ihm v. Chiese mit der Abstechung der Straßen der neuen Stadt beauftragt, deren Privilegium am 19. November 1660 vom großen Kurfürsten unterzeichnet wurde. Die ursprünglichen Benennungen der Straßen werden größtentheils noch bis auf die heutige Zeit beibehalten, namentlich die der Kurstraße, die Oberwasserstraße, die Unterwasserstraße, die Adlerstraße, die Holzgartenstraße, die Leipziger, jetzt Alte Leipziger Straße u.s.w. Sechs Jahre nach dem Anfang des Baues waren schon 92 Häuser vorhanden, wovon 47 kurfürstlichen Hofbedienten gehörten. In der Gegenwart aber zählt man hier 21 Straßen, 8 Gassen, 3 Plätze, 2 Kirchen, 320 Häuser, und er ist durch 12 Brücken mit den ihn begrenzenden übrigen Stadttheilen verbunden. Unter seinen Gebäuden zeichnet sich vorzüglich aus: das Palais Sr. Maj. des Königs, das Palais der Fürstin Liegnitz, die Commendantur, das Zeughaus, die Königswache, das Finanz-Ministerium, die Bank, die neue Bauschule und die Werdersche Kirche. Ferner gehören hierher die Münze, das Gießhaus, die Hausvogtei,

Ferdinand Jättnig jun. Polizei-Revier Nr. 6. Kupferstich, 1812

Die überwiegend durch Wasserläufe gebildeten Grenzen der von Kurfürst Friedrich Wilhelm gegründeten Stadt heben sich deutlich ab. Erst die nördliche Randbebauung des Spittelmarktes begrenzte die historische Topographie des Friedrichwerder. Noch im frühen 19. Jahrhundert war mit dem Platz vor der Hausvogtei und dem Straßenkreuz von Kurstraße und Alter Leipziger Straße das eigentliche Stadtgründungsareal Friedrich Wilhelms zu erkennen. Der Friedrichwerder bildete gleichzeitig das Polizei-Revier 6.

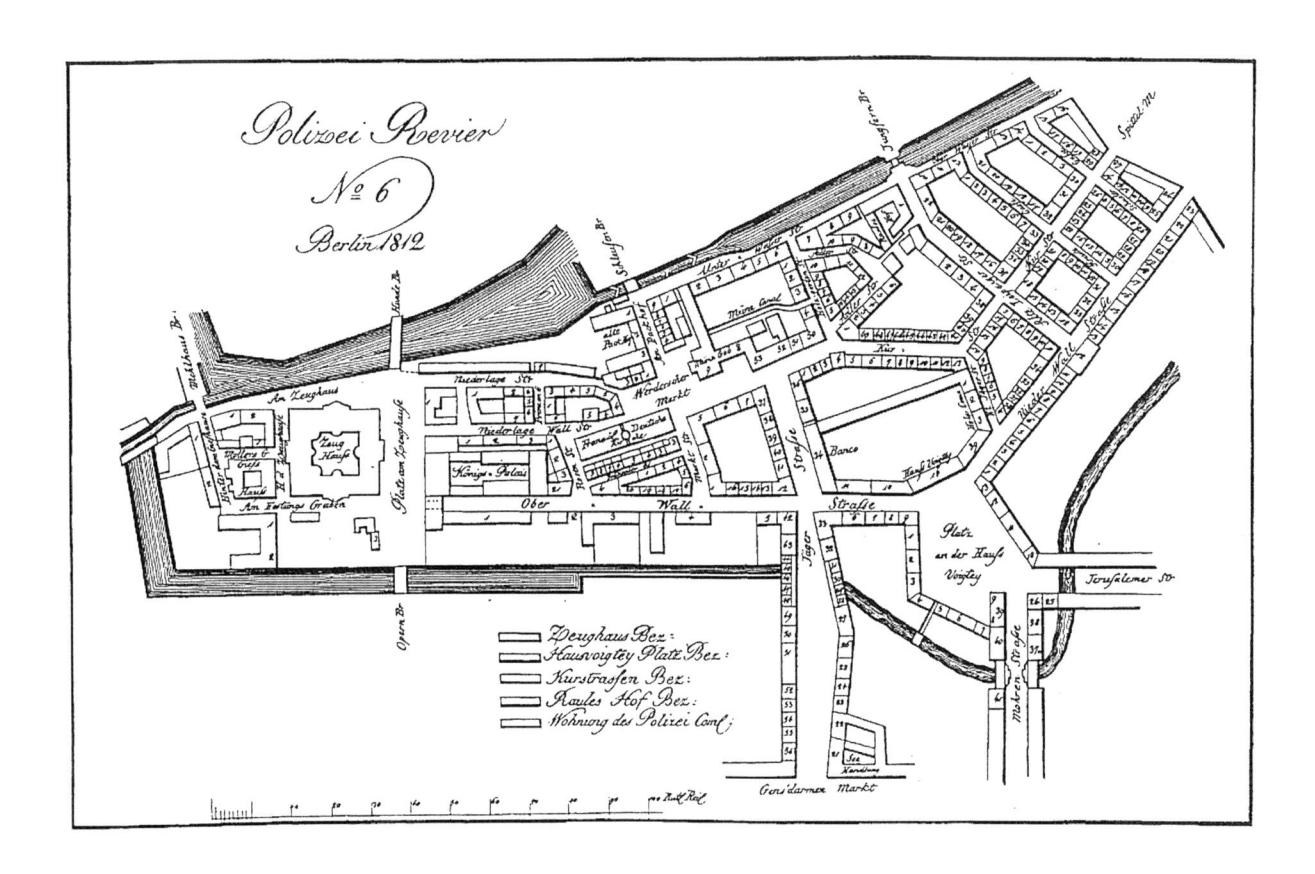

Eduard Gärtner. Der Friedrichwerder vom Dach der Friedrichwerderschen Kirche aus gesehen, 1832

Berlin erschien trotz seiner vielfältigen Einzelbauwerke noch in den frühen dreißiger Jahren des 19. Jahrhunderts als homogene Stadt, in die sich selbst die Baukörper der öffentlichen Bauwerke und das Stadtschloss einfügten. Nur den Kirchtürmen war es gleichsam gestattet, die flache Silhouette der Dachlandschaft in der Vertikalen zu durchbrechen. Die Durchmischung der sozialen Stände zeigte sich in der Koexistenz unterschiedlichster Wohnbauten: Stadtpalais, vornehme Mietwohnhäuser und Gebäude aus der Zeit der Stadtgründung wechselten einander auf engstem Raum ab.

die Spittel-Kirche, das Fürstenhaus mit dem Friedrichwerderschen Gymnasium, das französische Gymnasium, die Singakademie. Unter den älteren Privathäusern zeichnet sich der ehemalige Reauléschen Hof, jetzt das Andréesche Haus, Alte Leipziger Straße 1, unter den neuern aber durch seine Bauart vorzüglich auch das Wegnersche Haus (Kurstraße Nr. 18 und 19.) aus. In polizeilicher Beziehung bildet dieser Stadttheil den 6ten Bezirk."[12]

1834 hatte man somit eine Vorstellung über die tatsächlich oder vermeintlich bis in das Mittelalter zurückreichende Geschichte des Friedrichwerder, wusste um die Gründungsgeschichte dieser Stadt durch den Großen Kurfürsten und konnte bedeutende öffentliche und private Bauten zwischen dem Spittelmarkt und dem Gießhaus als besondere Kennzeichen vermerken, an ihrer Spitze das königliche Palais des regierenden Königs, Friedrich Wilhelms III.

Der Friedrichwerder stand während dieses Jahrzehnts immer noch in der Kontinuität seiner hauptsächlich mit der Regentschaft des Großen Kurfürsten beginnenden geschichtlichen Entwicklung.

Die Bewohner und ihre Häuser

Um die Wende vom 18. zum 19. Jahrhundert spiegelte der Bereich zwischen dem Platz vor dem Zeughaus Unter den Linden und dem Werderschen Markt einerseits sowie zwischen Kupfergraben und altem Festungsgraben westlich der Oberwallstraße andererseits in seinen Eigentumsverhältnissen nicht nur die öffentlichen Standorte wider, sondern in hohem Maße auch das unmittelbare Nebeneinander der Wohnungen des Königs, der Prinzen des königlichen Hofes und der Minister und der in aller Regel nicht besonders betuchten Bürgerschaft der Residenzstadt. Den ersten Rang nahm das Königliche Palais schräg gegenüber dem Zeughaus ein. Zu dessen sozialem Umfeld gehörten die an das königliche Palais jenseits der Niederlage-Wall-Straße unmittelbar angrenzende Kommandantur mit der Wohnung des General-Leutnants von Götze sowie der Wohnung seines „Kanzley-Directors" Schmidt am „Platz am Zeug-Hause" Nr. 1, vor allem aber westlich der Königswohnung die Palais in der sich bis zum Platz an der Hausvogtei erstreckenden Oberwallstraße – das Palais des Prinzen Louis mit Hofmauer, Bedientenhaus und Einfahrt nach dem Hof als Hausnummer 2, dann mit Nr. 4 das Palais des Ministers von Heinitz mit Hofmauer und Seitengebäude; auf der Rückseite beider Palais verliefen ihnen zugehörige Gärten bis zum alten Festungsgraben. Für die soziale Durchmischung des Gebiets war indessen kennzeichnend, dass bereits hier in der Oberwallstraße zwischen den beiden Palais das Grundstück Nr. 3 des Kaufmanns Schreiber lag.

Einen zweiten Schwerpunkt bildete der seit dem 17. Jahrhundert angelegte Hafen mit einem Gebäudekomplex, bestehend aus der Königlichen Accise, dem alten Packhof sowie der Zoll- und Accisedirektion am kurzen Straßenstück Am Alten Packhof gleich hinter der Schleusenbrücke. Von der entlang des Wassers laufenden Niederlagestraße aus waren die Niederlage des alten Packhofs, das Plombage-Amt, die Niederlage-Gebäude und der Torweg zum alten Packhof zu erreichen. Das bis an den Platz vor dem Zeughause sich erstreckende Doppelgrundstück Niederlagestraße 1 und 2 gehörte dem Kornhändler Eltze, der sich sicherlich wegen des alten Hafens hier angesiedelt hatte. Der Standort des Kornhändlers lässt vermuten, dass nicht nur die im Gebiet ansässigen Direktoren und Geheimen Räte, sondern beispielsweise auch der reitende Brigadier Zieger oder der Mühlenmeister Vogt ihre Grundstücke besaßen, weil sich ihr Arbeitsort in der Nähe befand.

Den dritten Schwerpunkt bildeten die Niederlassungen der französischen Kolonie, welche die Friedrichwerdersche Kirche mit nutzte und die in der Niederlage-Wall-Straße in Nr. 1 ihr Französisches Konsistorium und das Gymnasium sowie in Nr. 2 das Französische Rathaus unterhielt. Oberwallstraße Ecke Rosenstraße stand als Nr. 21 das Prediger-Haus der Werderschen Kirche mit seiner Gartenmauer. In der Rosenstraße befanden sich die zum Prediger-Haus der Werderschen Kirche gehörige Gartenmauer und der Torweg zum Kirchhof. Am Werderschen Markt 3 lag das Haus der Witwe des Kirchenrates Lipten.

Alter Packhof. Speichergebäude am Kupfergraben zwischen Kommandantur und Schlossfreiheit. Ausschnitt aus der Lindenrolle, 1820

Die Speichergebäude des alten Hafens schoben sich vor dem Beginn der Umgestaltung des Geländes durch die Errichtung der Bauakademie bis an die Schlossbrücke heran. Von der Brücke aus konnte man über die niedrigen Gebäude hinweg und zwischen den Häusern der Niederlagestraße hindurch bis zum Turmaufsatz auf der alten Friedrichwerderschen Kirche blicken.

Die Königliche Bank in der Jägerstraße und die königliche Münze am Werderschen Markt bildeten bereits die Peripherie dieses engeren Gebietes, machten aber auch deutlich, dass der Friedrichwerder im Verlaufe seiner geschichtlichen Entwicklung auch Standorte der Staatsverwaltung aufgenommen hatte.

Grundeigentümer waren sonst in der überwiegenden Anzahl kleine Gewerbetreibende in mehr oder weniger großer Konzentration der einzelnen Gewerbezweige – die Materialisten, Kaufleute, Destillateure, Weinhändler, Brauer, Bäcker, Tischler, Drechsler, Maurer, Uhrmacher, Schlächter, Pferdehändler, Sattler, Schlosser, Schmiede, Schuhmacher, Schneider und Schönfärber, die alle ihr Gewerbe auf ihrem Grundstück betrieben und von denen kaum einer Meister in seinem Handwerk war.

Das Salzsteuergebäude des Neuen Packhofes. Fotografie, 1934

Das neben dem Neuen Museum gelegene Salzsteuergebäude bildete den Kopfbau des neuen Packhofes. Die mehrgeschossigen Speichergebäude folgten dahinter aufgereiht entlang des Kupfergrabens. Diese moderne Anlage ließ sowohl aufgrund ihrer architektonischen Gestaltung als auch durch ihre Zweckmäßigkeit den historischen Packhof weit hinter sich.

Die neue Friedrichwerdersche Kirche von Schinkel

Die aus dem Umbau des alten kurfürstlichen Reithauses am Ende des 17. Jahrhunderts hervorgegangene Friedrichwerdersche Kirche war um 1800 baufällig geworden, ihren bautechnischen Zustand stellten Gutachten aus den Jahren 1812 und 1813 fest.

Bereits 1817 sah Schinkel in seinem Verschönerungsplan für das Zentrum Berlins deshalb einen Neubau der Kirche an anderer Stelle vor – als Doppelkirche in der Achse über dem Kupfergraben. Der alte Hafen wäre zu Gunsten des kanalisierten breiten Kupfergrabens verschwunden und der Schiffsverkehr hätte sich umständlich zwischen den beiden Kirchengebäuden hindurchmanövrieren müssen –

Karl Friedrich Schinkel. Bebauungsplan für die Verschönerung des Stadtzentrums, 1817

Unmittelbar nach den gewonnenen Freiheitskriegen begann sich im Zeitgeist der staatlichen Reformen auch der Umbau der Hoheitsmitte der Stadt mit dem Schloss als deren Mittelpunkt anzuzeigen. Straßendurchbrüche, wie derjenige zwischen dem Friedrichwerderschen Markt und dem Schlossplatz, die Umgestaltung des Kupfergrabens mit einem großen Hafenbecken, die einengende Bebauung des Grabens mit einer neuen Doppelkirche in Höhe der Werderschen Brücke, die räumliche Aufweitung des Lustgartens oder das Überlagern historischer Topographien durch neue Baustrukturen lassen den Beginn des neuen Jahrhunderts ahnen.

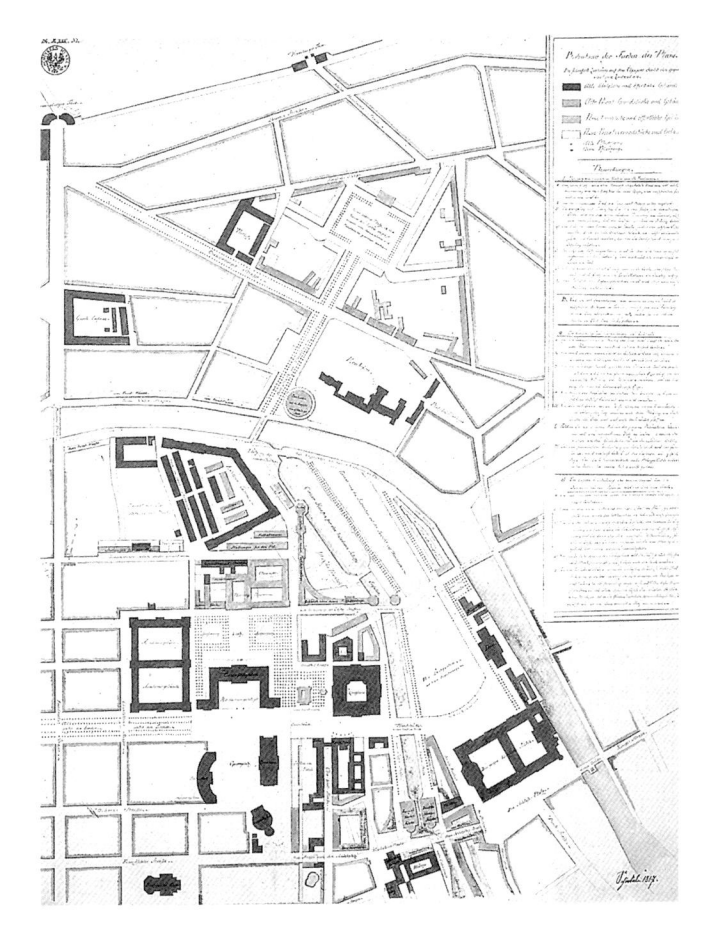

Karl Friedrich Schinkel. Friedrichwerdersche Kirche. Entwurf mit vier Türmen, um 1823-1824

Ansicht der Friedrichwerderschen Kirche. Fotografie, um 1921-1923

Beim Entwurf für die Kirche mit vier Türmen ging es Schinkel augenscheinlich darum, die Wirkung eines kubischen, an den Ecken jeweils klar durch einen Turm gefassten Baukörpers zu erzielen. Die Ausführung mit zwei Türmen und einem deutlich in Erscheinung tretenden Chor folgte dagegen eher dem traditionellen Bautypus eines Kirchengebäudes. Der Entwurf mit vier Türmen drückt wohl die bevorzugten baukünstlerischen Vorstellungen Schinkels aus: Offensichtlich sollte das Gebäude vom Werderschen Markt her ohne Überschneidungen durch Wohnhäuser wahrgenommen werden. Die Perspektive belegt ferner, dass es dem Architekten darum ging, die städtebauliche Wirkung der neuen Kirche inmitten eines Altstadtensembles darzustellen und auch die Bedeutung einzeln stehender Bäume im Platz- und Straßenraum hervorzuheben.

in der Bemerkung Schinkels sollte diese Passage ein „Wasserportal für die Schiffe" sein. Seine Entwurfsidee war, die Doppelkirche aus der traditionellen Zuordnung zum Werderschen Markt zu lösen und sie mit ihren Eingangsfassaden über die Kanalachse stadträumlich zur Schlossbrücke und damit zur Straße Unter den Linden und zum Lustgarten hin auszurichten, von dem aus sie auch über die den Kupfergraben auf beiden Seiten begleitenden baumbestandenen Straßen hätte erreicht werden können.

In den frühen zwanziger Jahren nahmen die Pläne für den Neubau der Kirche dann endgültig Gestalt an, jetzt aber am alten Standort. Das städtebauliche Verständnis und die vorgeschlagene formale Gestaltung der Kirche erläuterte Schinkel in Verbindung mit seinem Entwurf so: „In dieser etwas engeren Gegend der Stadt, die durch die Unregelmäßigkeit ihrer Straßenanlagen sich dem Alterthümlichen nähert, dürfte eine Kirche im Mittelalterstil wohl an ihrem Platze sein."[13] Der Altstadtcharakter mit seiner Unregelmäßigkeit der Straßenanlagen begründete somit die Stellung des Baukörpers am

Karl Friedrich Schinkel. Durchbruch der Französischen Straße zum Schlossplatz, 1832

Der Neubau der Bauakademie sollte gleichzeitig dazu dienen, eine durchgehende Verbindung zwischen der hinter der Hedwigskathedrale abrupt endenden Französischen Straße und dem Schlossplatz herzustellen. Dem vom Alexanderplatz über die Königsstraße am Berlinischen Rathaus vorbei zum Schlossplatz gehenden Verkehr sollte der mühsame Umweg über Schlossfreiheit und Straße Unter den Linden erspart werden.

rechte Seite:

Friedrich Wilhelm Klose. Das Innere der Friedrichwerderschen Kirche, 1832

Den Typus der Emporenkirche deutete Schinkel in seiner künstlerischen Vorstellung so, dass beim Blick vom Haupteingang her keine flächige Wand wahrgenommen werden konnte. Er löste die Innenarchitektur bei den Gewölbediensten in eine Folge von Rundstäben und Kehlen auf und überzog die Gewände mit Spitzbogenblenden. Das gleiche Empfinden zeigte er bei der Figuration des Gewölbes. Schinkel rahmte die Erdgeschossarkaden mit feinteiligen Profilabfolgen und füllte deren Zwickel mit Malerei. Er löste die Emporenbrüstung in eine Folge von Vierpässen auf und vermied mit der Quadermalerei besonders auf der Rückwand der Arkaden jede Massivität von Fläche.

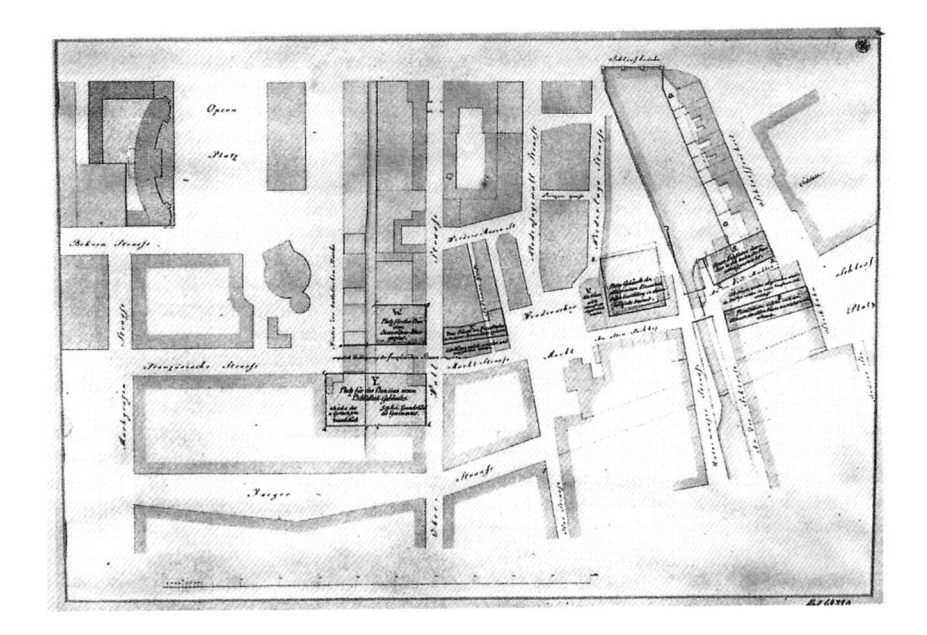

alten Standort und erklärte die formale Gestalt des Gotteshauses als gotisierende Backsteinkirche. Schinkel hatte auch Entwürfe im antiken Stil gefertigt, die aber wohl nicht die Zustimmung des Kronprinzen fanden.

Ende März 1824 traf der König die Entscheidung zu Gunsten eines gotischen Neubaus. Der Altbau wurde unmittelbar anschließend abgebrochen und der schließlich im Juli 1831 feierlich eingeweihte Neubau begonnen. Die perspektivischen Darstellungen Schinkels zur Kirche und ihrer unmittelbaren Umgebung zeigten denn auch nicht nur die die Dächer der Bürgerhäuser lediglich knapp überragende Kirche, sondern auch den verwinkelten Zuschnitt der Umbauung auf dem Werderschen Markt.

Als Schinkel nicht ganz zehn Jahre später 1831–1832 die der Friedrichwerderschen Kirche unmittelbar benachbarte Bauakademie als regelhaftes großes Bauwerk entwarf, griff er weiterhin in Verbindung mit dem von der Französischen Straße zum Schlossplatz als notwendig erachteten Straßendurchbruch in die „etwas engere Gegend der Stadt" ein und richtete die Bauakademie wie schon seine Doppelkirche von 1817 in Richtung Unter den Linden aus, nur wurde jetzt die Führung des Kupfergrabens mit anderem Querschnitt und in einer anderen Trasse geplant. Somit konnte vor der Bauakademie ein weiterer, im Grundriss dreieckiger Platz angelegt werden. Die neue Friedrichwerdersche Kirche blieb dagegen auf die Bebauung des alten Friedrichwerder und keineswegs – wie sich Gutzkow bei seiner Kritik wohl vorgestellt haben mochte – auf diesen neuen Platz ausgerichtet und so erzielte sie ihre städtebauliche Wirkung in den Werderschen Markt und in die angrenzenden Straßen hinein, aus denen sie als Blickpunkt wahrgenommen werden konnte, während auf dem neu entstandenen Platz nur ihre Türme wesentlich in Erscheinung traten.

Die Entstehung des Platzes und der Denkmäler

Die Entscheidung des Prinzregenten

Nahezu salomonisch beendete der Prinz von Preußen als Regent für seinen unheilbar erkrankten Bruder, König Friedrich Wilhelm IV., am 9. Juli 1860 die Auseinandersetzungen, wie die Denkmäler von Thaer, Beuth und Schinkel auf dem Platz vor der Bauakademie aufzustellen seien. Der Minister für landwirtschaftliche Angelegenheiten sowie der Minister für Handel, Gewerbe und öffentliche Arbeiten hatten dem Regenten Vorlagen mit unterschiedlichen Vorschlägen zu dessen abschließender Entscheidung vorgelegt. Der Regent gab den Vorstellungen seines Landwirtschaftsministers die Zustimmung: „Auf den Bericht vom 21. v.[origen] M.[onats] gebe ich [d. h. der Prinzregent Wilhelm, später Wilhelm I.] der von Ihnen, dem Minister für landwirthsch.[aftliche] Angel.[egenheiten] vertretenen Ansicht den Vorzug, nach welcher die Statuen Beuths, Thaers und Schinkels vor der BauAkademie im Kreisbogen und zwar Schinkel in der Mitte, Beuth an der Wasserseite und Thaer an der Häuserseite aufzustellen sind."[14] Der königliche Gartenbaudirektor Peter Joseph Lenné hatte 1858 alternative Vorschläge für das Aufstellen der Denkmäler auf dem Schinkelplatz gemacht – vorgesehen hatte er ihre Anordnung einmal in einem Halbkreis und andererseits nebeneinander in einer Linie.

Nach dieser Entscheidung wurden das Denkmal Thaers 1860 als erstes, das Beuths im folgenden Jahr 1861 und schließlich das Schinkels mit jahrelanger Verspätung erst 1869 enthüllt. Die unterschiedlichen Zeitpunkte der Denkmälerenthüllungen waren die Folge von zum Teil verwickelten Vorgeschichten.

Das Denkmal Thaer – die Vorgeschichte

Die Geschichte des Denkmals für Albrecht Daniel Thaer hatte bereits einige Jahre vor den Planungen für die Bauakademie begonnen. Als es im Jahr 1860 an die Öffentlichkeit übergeben wurde, besaß es eine Entstehungsgeschichte von mehr als drei Jahrzehnten. Noch zu Lebzeiten Thaers begannen die Anstrengungen, dem verehrten Lehrer ein Denkmal zu setzen. Im Juni 1828 äußerte sich der Bildhauer Rauch gegenüber Caroline von Humboldt in einem Brief, man habe an ihn die Anfrage „zu einem öffentlichen Denkmal (in Bronze ebenfalls) auf das Wirken des noch lebenden Staatsraths Thaer [gerichtet], welches in Berlin errichtet werden soll; sein Standbild und viele Reliefs."[15] Damit hatte man bereits eine Vorstellung vom Typus des Denkmals, bestehend aus der Hauptfigur des zu Ehrenden und einem Sockel, der mit zahlreichen Darstellungen in Reliefform besetzt sein sollte. Die Anfrage an den Bildhauer war durch Carl von Treskow erfolgt, an den Rauch auch am 11. April 1829 den Kostenvoranschlag richtete. Den Wunsch, „sein Andenken in ein[em] Standbild von Erz zu ehren",[16] setzten die Landwirte Preußens unmittelbar nach dem Tode Thaers im Oktober 1828 fort. Thaer verstarb am 26. Oktober 1828, am 29. Oktober wurde er im Garten seines Gutes vor der alten Kirche beigesetzt und nicht ganz fünf Wochen später veröffentlichten von Bredow, von Ekardstein, Bethe und von Treskow am 3. Dezember 1828 einen Aufruf, mit dem

linke Seite:

Otto Lindheimer. Der Platz vor der Bauakademie, 1862

Der Blick von einem erhöhten Standort in Richtung Museumsinsel machte deutlich, dass mit der Aufstellung der beiden Standbilder Thaers und Beuths auch eine Umgestaltung des Platzes vor der Bauakademie verbunden war. Die Denkmäler hatten ihre Standorte in einer mutmaßlich gepflasterten Fläche gefunden, um die ein Gehweg aus breiten Granitplatten verlief. Die zur Bauakademie hin zurückverlegte Rasenfläche war mit einem höheren eisernen Stabgeländer eingefasst. Gegenüber der Straße Unter den Linden war die Spitze des Platzes zurückgezogen.

Christian Daniel Rauch. Denkmal Blüchers Unter den Linden gegenüber der Neuen Wache, 1823-1826

Mit dem Blücher-Denkmal setzten erzählende und nicht mehr nur allegorisierende Darstellungen auf den Flächen des Denkmalsockels ein. Der Figurenfries, der das Denkmal beim Publikum außerordentlich populär machte, schilderte den Ausmarsch der Freiwilligen aus Breslau, den Marsch der Landwehr durch Deutschland und durch Frankreich sowie den Einzug in Paris. Das Standbild selbst charakterisierte den Feldherrn in der Pose eines 'Marschall Vorwärts' in energischer Haltung.

sie „zu Beiträgen zur Errichtung eines würdigen Denkmals der Verdienste Thaer's um die Landwirthschaft" aufforderten. Die Kosten wollten sie durch eine Sammlung zusammenbringen. Die Verdienste wurden in der Begründung des Freiherrn von Ehrenfels in Wien aus dem Jahre 1829 mit Thaers gesellschaftspolitischem Rang belegt: „Schon vor 10 Jahren [d. h. 1819 und damit zu Lebzeiten Thaers] sagte ich in einem gedruckten Aufsatz: Thaer habe Preußen so viel genützt, als Blücher. Blücher hat bereits als Fürst von Wahlstadt die verdiente Gedächtnißsäule von seinem dankbaren Könige erhalten; laßt uns dem Vater Thaer, dem Fürsten der Landwirthschaft, einen Altar der Verehrung bauen, als dankbare Söhne seiner Zeit."[17] Die Vertreter der Landwirtschaft begannen sich mit dem Stand der Militärs als gleichwertig zu empfinden. Das Unterfangen einer Denkmalsetzung scheiterte jedoch – im Verständnis der Landwirte, weil die Pariser Julirevolution und der Warschauer Aufstand die Spendenbereitschaft schrumpfen ließ, tatsächlich hatte König Friedrich Wilhelm III. bereits vorher, am 4. Mai 1830, gegen „die Errichtung eines Standbildes Thaers an einem öffentlichen Platze in Berlin" entschieden. Die eingegangenen Spendenmittel verwendete das für die Errichtung des Denkmals berufene Komitee folglich für eine Gedenkmünze in Silber oder Bronze.

Wie ungewöhnlich das Vorhaben eines solchen Denkmals im Zeitverständnis tatsächlich war, belegte die Frage Caroline von Humboldts an Rauch auf dessen Mitteilung über seine Arbeit an einem Thaer-Denkmal hin, wer denn das Denkmal setzen wolle. „Wer beabsichtigt denn das Monument für Thaer? Doch wohl der König? Wer dürfte es sonst?"[18]

Mit der zu diesem Zeitpunkt schon als „National-Sache" angesehenen Denkmalfrage war 1828 auch Beuth befasst worden. Sein Vorschlag ging dahin, „die Statue zwischen dem Lagerhause und Gewerbehause in der Klosterstraße aufzustellen, einen Springbrunnen damit zu verbinden, den ich [d. h. Beuth] während des Wollenmarktes durch die Dampfmaschine des Gewerbehauses hätte springen lassen."[19] Die Klosterstraße mit dem hier stattfindenden Wollmarkt wurde als Ort des Denkmals sicherlich in Erinnerung an das Wirken Thaers zur Veredelung der Merinoschafzucht und der Verbesserung ihrer Wollqualität gewählt. Auf diesem Berliner Wollmarkt hatte Thaer seit 1815 seine Schafwolle vermarktet. 1817 hatte er an seine Frau geschrieben: „Unter allen Wollhändlern und allen Wollproduzenten ist es ganz entschieden angenommen, dass meiner Wolle keine in ganz Europa nahe komme, viel weniger ihr an die Seite zu setzen sei."[20] Thaer war auf Grund seiner Zuchterfolge konkurrenzlos zum Marktführer geworden.

Ein zweiter Anlauf in der Denkmälerangelegenheit, wiederum durch von Treskow befördert, erfolgte 1840. Auf der Versammlung der deutschen Landwirte in Potsdam wurde der Antrag angenommen, „dem verstorbenen Geheimen Ober-Regierungs-Rath Thaer in Betracht seiner großen Verdienste um die Landwirthschaft ein Monument zu errichten."[21]

Im Jahr vor der Versammlung der deutschen Landwirte in Potsdam war 1839 bei Brockhaus in Leipzig eine Biografie Thaers aus der Feder von Wilhelm Körte, seinem Schwiegersohn, erschienen. In der Danksagung des Autors gegenüber der Tochter Thaers wurde der Reformator – damit den hohen Grad von dessen Verehrung kennzeichnend – als „Meister" und als „Unsterblicher" gewürdigt und in den nachfolgenden Seiten der Einleitung mit der staatstragenden Bedeutung der Landwirtschaft direkt-indirekt in Verbindung gebracht: „Der Ackerbau, die Kunst den Erdboden der Menschheit dienstbar zu machen, ist die erste Stufe zur Gesittung des Menschengeschlechtes; die Familie zu Einem Zwecke vereinigend, begründet er den Staat, denn er sichert das Nothwendige, gewährt Gesundheit, Kraft, Wohlstand im Innern und liefert zugleich die tüchtigste Maße zum Widerstand gegen Angriffe von Außen. Der Ackerbau macht die Menschen stark, im Wege des gemeinschaftlichen Lebens und Wirkens in Eintracht und Liebe."[22] Deutlicher konnte zu einem Zeitpunkt, zu dem sich die Industrialisierung erst zu entwickeln begann, die Landwirtschaft als das Fundament des Staates nach innen und außen kaum beschrieben werden. Nur in diesem berufsständischen Selbstverständnis wurde zusammen mit der Verehrung gegenüber dem „Meister" die Errichtung eines Denkmals gleichsam selbstverständlich und war es den Landwirten möglich, mit dem Berufsstand der bis dahin ausschließlich als denkmalwürdig erachteten Militärs in Konkurrenz zu treten, zumal die Landwirtschaft in ihren Augen als höherwertig zu erachten sei als der „blutige Lorbeer" der Soldaten. „Wenn der Ruhm dem siegreichen Feldherrn, welcher die Herrschaft des Schwerdts erweiterte, den blutigen Lorbeer darreicht, so gebührt dem siegreichen Landwirthe, welcher die Herrschaft des Pflugs weiser begründete und über die bisherigen Gränzen ausdehnte, der heiliger geachtete Oelzweig, welchen die Nachwelt dem theuren Manne dankbar um die Schläfe winden wird, ..."[23]

Schinkel selbst hatte inzwischen der Landwirtschaft mit dem 1832 vollendeten Neuen Packhof am Kupfergraben fast ein Denkmal gesetzt. Im Giebelfeld des Eingangsgebäudes für das sich am Kupfergraben entlang erstreckende Packhofgelände – unmittelbar hinter seinem Museum am Lustgarten gelegen – kamen im Giebelfeld als zentrale Mittelfiguren die Allegorie des Überflusses und dessen Quellen zur Darstellung, die ihr auf beiden Seiten zugeordneten Genien des Ackerbaus und der Schifffahrt, von Schinkel konzipiert und durch den Bildhauer Kiss ausgeführt. Der Ackerbau war die Quelle für den Überfluss. Der Neue Packhof diente somit auch als Umschlagplatz für die Erzeugnisse der Landwirtschaft. Die Wasserwege waren die durch die Genien symbolisierten Flüsse Spree und Havel. Um den

Das Giebelrelief des Salzsteuergebäudes. Fotografie (Ausschnitt), 1934

G. A. Müller. Die neuen Packhofsgebäude von Schinkel. Kupferstich, 1833

Die mit landwirtschaftlichen Erzeugnissen beladenen Schiffe, die ihre Fracht in großen Ballen transportierten, lassen die Bedeutung des Wasserweges für die Anlieferung von Waren nach Berlin erkennen. Nach einer Zwischenlagerung auf der Kaimauer des Kupfergrabens erfolgte mit Pferdefuhrwerken der Weitertransport in die Stadt.

Standort für dieses 1840 erneut angemahnte Denkmal für Thaer kam es jedoch zu einer kontroversen Entwicklung. Da Gut und Dorf Mögelin im Oderbruch, wo Thaer seine Reformen ins Werk gesetzt hatte, aus Gründen, die von der Familie des Verstorbenen vertreten wurden, ausschied, rivalisierten die landwirtschaftlichen Vereinigungen Preußens und Mecklenburgs gegen die Vertreter Sachsens, Österreichs und mehrerer süddeutscher Staaten und damit die Städte Berlin und Leipzig. In Leipzig wurde dann auch das erste Thaer-Denkmal 1850 aufgestellt; nach einem Wettbewerb hatte man dieses Denkmal 1841 beim Bildhauer Rietschel in Auftrag gegeben.

In Berlin bat das Ministerium 1843 Beuth um Auskunft über dessen Kenntnisstand in der Denkmalangelegenheit, doch hatte dieser von dem neuerlichen Versuch einer Denkmalsetzung keine Kenntnis und hielt ihn möglicherweise in Erinnerung an den ersten Versuch von 1828–1830 auch nicht für ausführbar. Damals hatte man – wie er in seiner Stellungnahme verbittert anmerkte – seinem Vorschlag nicht nur keinen Beifall entgegengebracht, sondern ihn auch nicht mit der eigenständigen Verfolgung eines Denkmals für Thaer betraut. Und schließlich lehnte er jetzt ein persönliches Eintreten für ein solches Denkmal auch aus einem anderen Grund ab: „Ich bin alt und stumpf geworden und liegt mir es näher, meinem Freunde Schinkel den letzten Liebesdienst durch den Guß seiner Statue zu erzeugen, ...".[24] Beuth verfolgte somit 1843 bereits den Plan, ein Schinkel-Denkmal in Bronze nach dem Entwurf des von ihm jedoch als wenig zuverlässig eingeschätzten Bildhauers Tieck zu errichten. – Karl Friedrich Schinkel war 1841 verstorben und Beuth hatte ihm auf dem Dorotheenstädtischen Kirchhof das Grabdenkmal gesetzt. 1842 hatte auch die „Allgemeine Bauzeitung" dazu aufgerufen, durch ein zu bildendes Komitee die Errichtung eines Schinkel-Denkmals zu befördern. Schinkel ein Denkmal zu setzen war nicht allein die Absicht eines Kreises seiner Verehrer und Freunde sowie der Wunsch des Freundes Beuth, denn im gleichen Jahr 1843 hatte Tieck auf Bestellung des Königs das Modell für eine jedoch in Marmor auszuführende „lebensgroße Statue Schinkels angefangen",[25] deren Vollendung sich jedoch jahrelang hinziehen sollte.

Augenscheinlich in Konkurrenz zu dem erst in der Durchführung befindlichen Leipziger Projekt, wenn auch öffentlich abgestritten, traten die Landwirte im März 1843 erneut an Rauch heran, der in seinem Tagebuch notierte: „Aben[d]s mit dem Geh.[eimen] K[ö]n[i]g.[lichen] Rath Beckedorff die Ausführung eines öffentl.[ichen] Bronzedenkmals, die Kosten, die Reliefgegenstände u[nd] den Platz besprochen (vorgeschlagen der Alexanderplatz). 10 fuß hoch das Standbild, von gleicher höhe das piedestal mit 3 Reliefs u.[nd] der Inschrifttafel, die Schaafwäsche, den Erndtewagen."[26] In einem Rundschreiben vom 9. Mai 1843 wurde die Absprache, die das Komitee mit Rauch getroffen hatte, der Öffentlichkeit mitgeteilt. Mit dem Entwurf des Denkmals beauftragt werden konnte Rauch aber erst im April 1847, denn zuvor musste man erst die nötigen Mittel beschaffen. 1847 wurde in einer Lithographie auch das Bildnis Thaers verbreitet. Beauftragung Rauchs und Verbreitung der Lithographie standen dabei sicherlich in einem Zusammenhang – möglicherweise sollte mit dem Bildnis das Werben um weitere Spenden unterstützt werden. 1850 war die Modellstudie fertig gestellt und wurde auf der landwirtschaftlichen Versammlung in Berlin vorgestellt. Im Dezember 1851 schloss sich der Auftrag für die Hauptfigur an. 1852 beschäftigte sich Rauch folglich bereits mit den Entwürfen für die Reliefs. Neben dem Problem, weiterhin eine Finanzierungslücke bewältigen zu müssen, trat nun aber auch die Notwendigkeit auf, das Denkmal Thaers mit jenem für Beuth, das am gleichen Ort aufgestellt werden sollte, mit dessen Höhe und dem kompositorischen Gesamtaufbau in Einklang zu bringen. Folglich musste im Dezember 1856 ein erneuter Vertrag über die Hauptfigur abgeschlossen werden. Im November hatte Rauch jedoch bereits mit der Her-

August Kiß. Grab Karl Friedrich Schinkels auf dem Dorotheenstädtischen Kirchhof an der Chausseestraße, nach 1841. Fotografie, 1934

Die von Freunden gewidmete Stele, mit der das Grab Schinkels († 9. Oktober 1841) ausgezeichnet wurde, entsprach einem bürgerlichen Grabmalstil, der die Würde des Verstorbenen betonen sollte.

Carl Friedrich Schreck. Bildnis Albrecht Daniel Thaers, 1847

stellung des Gussmodells begonnen. Im März 1857 korrigierte der Bildhauer es noch einmal, im Oktober ging es in die Gießerei Gladenbeck. Ziseliert war die Hauptfigur im Frühjahr 1859 fertig gestellt. Im April 1857 äußerte sich Rauch zur Bedeutung der Denkmäler von Thaer und Beuth: „..., beide Denkmale [d. h. von Thaer und Beuth] sollen nebeneinander auf dem Platz der hiesigen Bauschule gegen die Schloßbrücke gewendet, ihre Plätze finden, als die ersten Helden auf öffentlichem Platze ohne Degen!! Ein Fortschritt den wir der Bildung und freierem Sinn unseres Königs [d. h. Friedrich Wilhelm IV.] verdanken."[27]

1857 starb Rauch, so dass die Reliefs des Sockels allein von Hugo Hagen, seinem langjährigen Gehilfen, ausgeführt werden mussten. Die feierliche Enthüllung auf dem Schinkelplatz erfolgte am 5. November 1860. Kurz nach der Einweihung wurde das Denkmal fotografiert und nach dieser Vorlage noch im gleichen Jahr von Hoffmeister ein Stahlstich hergestellt. Das Denkmal sollte augenscheinlich über Berlin hinaus populär gemacht werden.

Denkmalwürdigkeit

Die Entscheidung Friedrich Wilhelms III. im Jahre 1830 gegen ein Thaer-Denkmal wird kaum mit der fehlenden Anerkennung der Verdienste Thaers um die preußische Landwirtschaft zusammenhängen, schließlich hatte der König selbst Thaer auf Empfehlung Hardenbergs 1804 nach Preußen berufen und ihm das Gut Mögelin am Rande des Oderbruchs überlassen. Vielmehr dürfte 1830 von Bedeutung gewesen sein, dass Friedrich Wilhelm III. fast während seiner gesamten Regierungszeit selbst gegenüber einem Denkmal für Friedrich den Großen

Christian Daniel Rauch. Standbild Albrecht Daniel Thaers (Modell), 1847-1857

Rauch stellte den Reformator der preußischen und deutschen Landwirtschaft auf sein Attribut gestützt dar: Thaer lehnt sich auf den von ihm verbesserten Pflug. Der Bildhauer schilderte ihn zwar als Lehrenden, der die Rechte dozierend vorstreckt, zeigte ihn aber in der gesamten Körperhaltung eher locker, im Ausdruck ganz 'Vater Thaer'.

Christian Daniel Rauch. Sockelreliefs des Thaer-Denkmals (Modell), 1847–1857

Die endgültige Fassung der Sockelreliefs war bereits mit der Modellstudie festgelegt worden und wurde nach dem Tode Rauchs nicht mehr verändert. Gegenüber dem Blücher-Denkmal fiel der Sockel des Thaer-Denkmals insgesamt gedrungener und wegen der Proportionierung der Bildfelder im Gesamtaufbau klarer aus.

eine eher zögerliche Haltung einnahm und dass zusätzlich seiner Auffassung nach Männer auch vom Stande eines Thaer noch nicht mit einem Monument im öffentlichen Raum zu würdigen waren. Die Rückfrage Caroline von Humboldts an Rauch war treffender Ausdruck dieser Auffassung. Damit belegt die Geschichte des Thaerschen Denkmals aber auch, wie sich eine solche Entwicklung zur Denkmalwürdigkeit im zweiten Viertel des 19. Jahrhunderts anbahnte und schließlich durchsetzte.

Nach 1840 – mit dem Regierungsantritt Friedrich Wilhelms IV. – trat in dieser Frage gegenüber der Haltung Friedrich Wilhelms III. von 1830 eine entscheidende Veränderung ein. Mit der Bemerkung über die „ersten Helden auf öffentlichem Platze ohne Degen" und mit dem Hinweis auf den „freieren Sinn" Friedrich Wilhelms IV. kennzeichnete Rauch diese Veränderung und damit den politischen Stellenwert der beiden Denkmäler von Beuth und Thaer und ihres Aufstellungsortes.

Diese jetzt staatsöffentliche Wertschätzung der Männer des Gewerbefleißes und der Kunst ließ der neue Monarch am offenkundigsten im Bildprogramm des Weißen Saales im Schloss zum Ausdruck bringen. Diesen ließ der König von 1843 an als den hoheitlichen Mittelpunkt des Stadtschlosses umfangreich umgestalten. Im ikonographischen Programm spiegelte sich das Bild eines hierarchisch geordneten Staates, in dessen Gefüge die Vertreter des Gewerbefleißes und der Künste sowie der Wissenschaften neben den Staatsmännern und Militärs eine gleichberechtigte Rolle zugewiesen erhielten.

Die ersten öffentlichen Denkmäler

Bis in die Frühzeit des 19. Jahrhunderts waren nahezu ausschließlich der Monarch oder fürstliche Personen denkmalwürdig. Abweichend entstand unter Friedrich II. mit dem Wilhelmplatz in Berlin ein Denkmalort, auf dem der König den Generälen des Siebenjährigen Krieges in Anerkennung ihrer Verdienste Standbilder errichtete – aber kennzeichnenderweise eben nur am Randes des Platzes und nicht in dessen hoheitsbetonender Mitte. Denkmäler wurden gesetzt 1769 für Kurt Christopher von Schwerin, 1777 für Hans Karl von Winterfeld, 1780–1781 für Jakob Keith und Friedrich Wilhelm von Seydlitz, nach dem Tode Friedrichs 1794 für Hans Joachim von Ziethen. Dieser Würdigung auf dem Wilhelmplatz folgte 1798 Schadows Denkmal des Fürsten Leopold von Anhalt-Dessau am Rande des Lustgartens vor der Fassade des Schlosses, mit dem der Zuchtmeister des friderizianischen Heeres geehrt werden sollte. Die Katastrophe von 1806 unterbrach diese Folge der Würdigung verdienter Militärs. Nach den

nachfolgende Doppelseite:

Standbild Albrecht Daniel Thaers. Fotografie, 1860
Chr. Hoffmeister. Standbild Albrecht Daniel Thaers. Stahlstich, 1860

Kurz nach der Enthüllung des Thaer-Denkmals am 5. November 1860 muss es fotografiert worden sein, denn nach der Fotografie wurde unmittelbar zeitlich folgend ein Stahlstich angefertigt, der erst die weite bildliche Verbreitung des Denkmals ermöglichte. Der Stecher hielt sich sehr eng an seine fotografische Vorlage. Er ersetzte lediglich den herbstlich entlaubten Baum durch ein in Blättern stehendes Exemplar und verzichtete auf das niedrige Einfriedungsgitter des Denkmals.

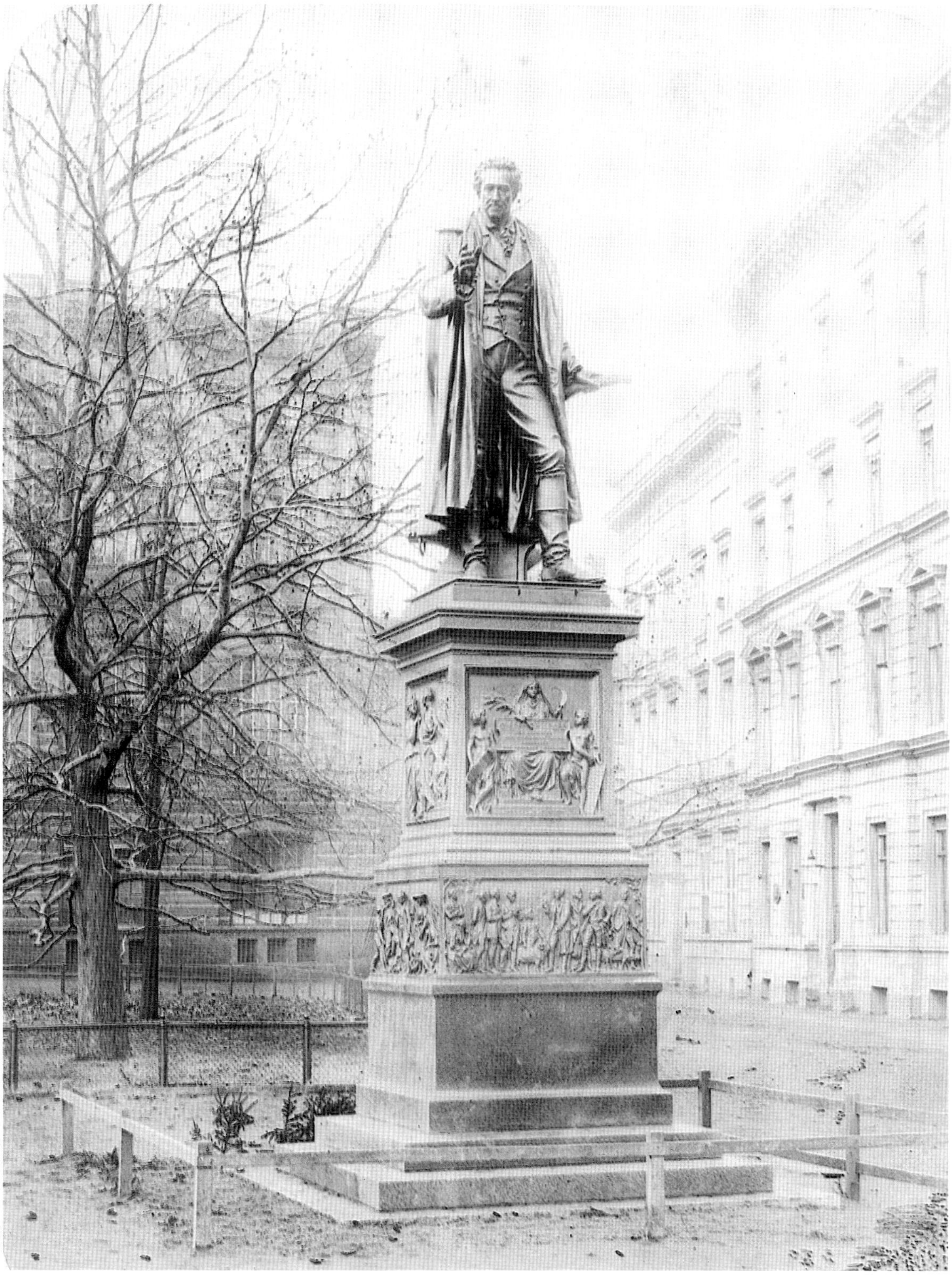

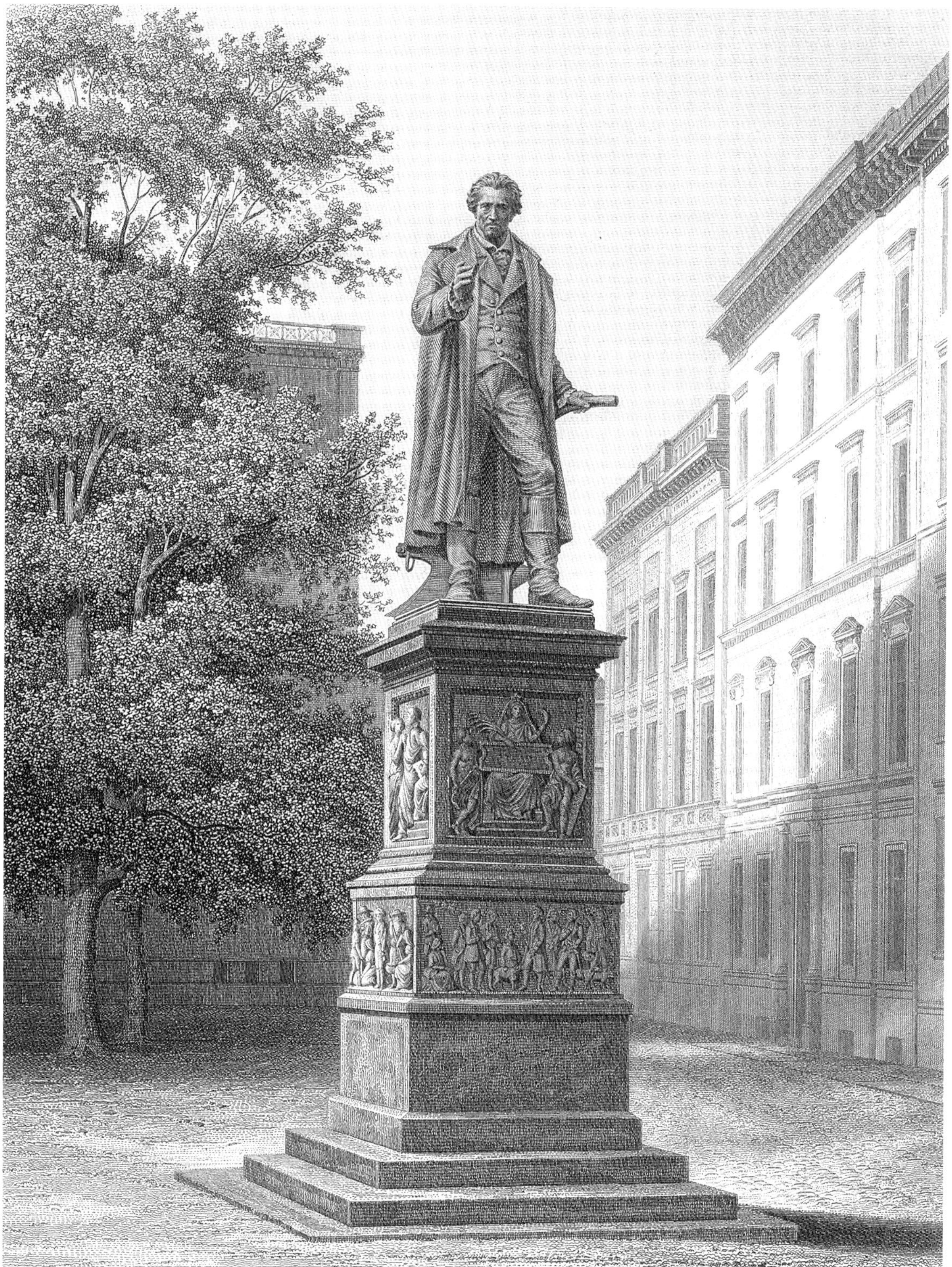

siegreich beendeten Freiheitskriegen kam es von 1816 an im Umfeld der Neuen Wache gegenüber der Wohnung des Königs im Kronprinzenpalais mit den Denkmälern zunächst von Scharnhorst und Bülow sowie drei Jahre später mit dem Blüchers zu einer Fortsetzung dieser Traditionslinie. Wiederum ehrte der König drei Militärs, deren Verdienste jetzt in der Heeresreform sowie in der Rettung des Vaterlandes vor fremder Unterdrückung gesehen wurden. Friedrich II. mit einem Staatsdenkmal in der Tradition des Reiterstandbildes des Großen Kurfürsten zu ehren gelang erst kurz vor dem Ableben Friedrich Wilhelms III. – der todkranke Monarch vermochte nur noch vom Fenster seines Palais Unter den Linden aus 1840 der Zeremonie der Grundsteinlegung beizuwohnen. Die königliche Zustimmung zu diesem Denkmal war erst um die Mitte der dreißiger Jahre gegeben worden.

Spätestens mit den zwanziger Jahren des 19. Jahrhunderts waren neben den Militärs die Glaubensreformatoren und die großen nationalen Künstler der vaterländischen Geschichte als denkmalwürdig anerkannt. Das 1821 auf dem Marktplatz in Wittenberg errichtete Luther-Denkmal von Schadow, das im Umfeld der dreihundertjährigen Wiederkehr der Reformation entstanden war, sowie das in einer Festdekoration stehende Standbild Albrecht Dürers – für die in der Singakademie zum dreihundertsten Todestag am 18. April 1828 abgehaltene Dürer-Feier errichtet – gaben mit den auf einem Sockel in ruhiger aufrechter Haltung stehenden Geehrten den Typus solcher Denkmäler vor. Die von Gottfried Schadow gebildete Gestalt Luthers erscheint im geistlichen Ornat ohne jedes Pathos. Der von Ludwig Wichmann modellierte, in einen bodenlangen Mantel gehüllte Albrecht Dürer wiederholte die gleiche künstlerische Auffassung eines Standbildes. Martin Luther und Albrecht Dürer sollten mit ihren sie charakterisierenden Merkzeichen – mit Heiliger Schrift sowie einem Tafelbild – ohne Idealisierungen als historische Personen und damit im Kostüm ihrer eigenen Zeit vergegenwärtigt werden. Sowohl bei Luther als auch bei Dürer benutzten die Bildhauer deshalb historische Quellen, um solche authentischen Aussagen zu erreichen.

Nach dem Luther-Denkmal folgten weitere Standbilder von Theologen und Künstlern: 1825–1828 Rauchs Denkmal für August Hermann Francke in Halle, von 1828 an sein Dürer-Denkmal für Nürnberg.

Mit den zwanziger Jahren kam aber auch die Vorstellung auf, dass gerade verstorbenen oder sogar noch lebenden Geistesheroen Denkmäler gewidmet werden könnten. Ein Jahr nach dem Tode Beethovens gab es bereits 1828 die Idee, ihm in Bonn ein Denkmal zu setzen, das dann 1836 verwirklicht wurde. Bei der Feier zu Goethes siebzigstem Geburtstag in Frankfurt wurde der Beschluss gefasst, auch ihm ein Denkmal zu stiften, wofür der Gefeierte selbst Rauch als Bildhauer vorschlug; Rauch würdigte den zu Ehrenden in seinen Modellstudien 1823–1824 sitzend in der Art antiker Philoso-

Christian Daniel Rauch. Denkmal Scharnhorsts Unter den Linden an der Neuen Wache, 1819-1822

In der Charakterisierung von Ernst Moritz Arndt glich Scharnhorst einem Mann, „der nicht Ideen in sich aufjagt, sondern über Ideen ausruht". Im Sinne dieser Charakterisierung führte Rauch das Standbild des Generals aus, der sich in nachdenklicher Pose wie eine griechische Statue an den Stumpf eines Lorbeerbaumes lehnt. Die Vorderseite des Denkmals enthält über dem preußischen Adler die Tafel mit der Widmungsinschrift des Monarchen: FRIEDRICH WILHELM III. DEM GEN.[ENERAL] VON SCHARNHORST IM JAHRE 1822, während auf den drei anderen Seiten des Sockels Minerva die Jünglinge lehrt, waffnet und in den Kampf führt.

phenbilder und wich damit vom gängigen Typus des Standbildes ab. Die Diskussion über ein Denkmal für Thaer fand vor dem Hintergrund genau dieses Prozesses statt.

Am Ende dieser mit den zwanziger Jahren einsetzenden Entwicklung stand schließlich die Gruppe der drei Denkmäler auf dem Schinkelplatz. In seiner Einweihungsrede konnte der Vorsitzende des Thaerschen Denkmal-Komitees, von Meding, 1860 feststellen: „Neben demselben [d. h. dem Denkmal Thaer] werden als seine Seitenstücke binnen Kurzem die Monumente von Beuth und Schinkel ihre Stelle finden, von Männern, die um den Gewerbefleiß und um die Kunst sich in gleicher Weise verdient gemacht haben, wie Thaer um den Landbau. Es ist dies ein schönes Zeugnis, dass das Vaterland die Verdienst seiner Söhne um die Künste des Friedens nicht minder ehrt, wie die Helden und Staatsmänner, deren Thaten die Regierungen unserer glorreichen Könige unterstützt und verherrlicht haben."[28]

Die Widmungsinschriften auf den Sockeln der Denkmäler gaben diese Unterscheidung zwischen Vaterland und König offen zu erkennen. Lautete sie auf dem Denkmal Thaers: DEM BEGRÜNDER DES WISSENSCHAFTLICHEN LANDBAUES DAS DANKBARE VATERLAND

Festdekoration zur Dürerfeier in der Sing–Akademie, 1828. Entwurf von Karl Friedrich Schinkel, Statue Dürers von Ludwig Wichmann, Sitzfiguren von Friedrich Tieck

Zur Feier des dreihundertsten Todestages Albrecht Dürers am 18. April 1828 wurde die Festdekoration im großen Saal der Sing-Akademie errichtet. Nur die hohe Verehrung Dürers, in dem man in romantischer Verklärung sowohl den Inbegriff gotischer Kunstfrömmigkeit als auch den kernig biederen Mann des Volkes sah, erklärt den bedeutenden Aufwand, mit dem die Dekoration hergestellt wurde.

und rückte den zu Ehrenden an die erste Stelle, so war auf dem Sockel des ebenfalls von Rauch geschaffenen Scharnhorst-Denkmals neben der Neuen Wache Unter den Linden zu lesen: FRIEDRICH WILHELM III. DEM GEN.[ERAL] VON SCHARNHORST IM JAHRE 1822. Der Monarch als Stifter wurde zuerst genannt.
Die Verdienste um die „Künste des Friedens" standen spätestens seit 1840 endgültig gleichberechtigt neben denen der „Helden und Staatsmänner", die kennzeichnenderweise dem König zugeordnet wurden, während „die Künste des Friedens" für das Vaterland standen.

Statuetten, Büsten, Plaketten und Grabmonumente

Für den von öffentlichen Denkmalssetzungen zunächst ausgenommenen Personenkreis war es indessen üblich, sogar bereits zu Lebzeiten Statuetten und Büsten anzufertigen sowie Medaillen zu prägen und damit eine Form privater oder halböffentlicher Ehrung zu finden.

Statuetten Zu solchen Beispielen für Statuetten gehörten die von Rauch modellierten Statuetten Schadows von 1822 und „Goethes im Hausrock" aus dem Jahr 1828. 1833 schuf Friedrich Drake die Statuetten seines Lehrers Rauch sowie die Beuths und Wilhelm von Humboldts, 1835 folgte seine Statuette Schinkels.
1835 charakterisierte Adolph Schöll im „Kunst-Blatt" diese Kunstform: „Dem Helden gehört das Waffenkleid, worin er seine Kraft –, dem Prediger das Amtskleid, worin er seine Beredsamkeit entfaltet – jedem aber, der auch einen Lebenskreis hat, worin er sich selbst und Näherverbundenen angehört, jedem solchen gehört als Ausdruck seiner eigentlichsten Persönlichkeit die Erscheinung, die er in diesem Kreise anzunehmen und zu zeigen pflegt. So sehn ihn die, welche ihn unmittelbarer kennen, so müssen ihn die kennenlernen, welche seiner eigensten Individualität nahe kommen wollen. Und wer diese vollendete Wahrheit, in welcher erst recht das Individuum selber da ist, als unschön verwirft –, der bringt (seinem Prinzip nach) alle Kunst um ihren Nerv; denn das Geheimnis aller Kunst beruht auf dem allseitigen Widerspiel des Geistigen mit dem Aeußerlichsten."[29]
In diesem Verständnis einer „eigensten Individualität" charakterisierte Drake die beiden Statuetten Rauch und Beuth lebensecht in zeitgenössischer Kleidung, wobei sich der Rock in Querfalten über den Hüften spannte, und nur noch ein bescheidenes Attribut charakterisierte, fast nebensächlich jeweils in der herabhängenden Linken gehalten, die Profession der beiden Männer. „Goethe im Hausrock"

meinte mit diesem Gewand den Dichterfürsten in seinem privaten Umfeld und nicht den Weimarer Minister. Beuth „im Bratrock" verdeutlichte sicherlich die Erscheinung, mit welcher der Beförderer des Gewerbefleißes seinen Mitmenschen alltäglich unter die Augen trat.

Aus dieser Zeitauffassung, in der Statuette – wie dann auch im Standbild – die individuelle Persönlichkeit als „Widerspiel des Geistigen", das der zu Ehrende vertrat, charakterisierend zum Ausdruck zu bringen, folgte gleichzeitig dann aber auch – und so lehrte es Hegel als Merkmal der modernen zeitgenössischen Denkmälerplastik in seiner Vorlesung zur Ästhetik –, die Wirkungsfelder der Geehrten durch ergänzende Allegorien und szenische Darstellungen mit der ein Geistiges zum Ausdruck bringenden Hauptfigur in ein Gesamtverständnis zu bringen. „Im ganzen aber hilft man sich bei Portraitstatuen gern damit, die einfache Bildsäule mit Allegorien zu umgeben und zu vermannigfachen."[30]

Christian Daniel Rauch. Statuette Goethes, 1828
Johann Friedrich Drake. Statuette Rauchs, 1833
Johann Friedrich Drake. Statuette Schinkels, 1835

Die Darstellung einer 'eigensten Individualität', wie sie die dreißiger Jahre forderten, reichte von Goethe, der wie im vertraulichen Gespräch im Zimmer auf- und abgehend – die Hände hinter dem Rücken – geschildert wurde, über einen im 'Bratrock' auftretenden Rauch bis hin zu einem Schinkel, dessen Statuette bereits deutlich die Verklärung des Architekten – bereits zu dessen Lebzeiten – erkennen lässt.

Johann Gottfried Schadow.
Büste Friedrich Nicolais, 1798
Ludwig Tieck. Büste Karl
Friedrich Schinkels, 1819
Johann Gottfried Schadow.
Büste Johann Wolfgang von
Goethes, 1822-1823
Christian Daniel Rauch. Büste
Peter Joseph Lennés, 1847

rechte Seite oben und mitte

Christian Daniel Rauch. Büste
Johann Wolfgang von Goethes,
1820
Christian Daniel Rauch.
Büste Daniel Friedrich Schleiermachers, 1829

Besonders die nahezu zeitgleich
entstandenen beiden Goethe-
Büsten von Schadow und Rauch
belegen die unterschiedliche Auffassung in der Wiedergabe ein
und derselben Persönlichkeit,
wobei die von Rauch geschaffene
Büste durch die Interpretation
Hegels als die zeitgemäßere
Arbeit ausgewiesen wird.

Büsten Die Tradition, bedeutende Personen des öffentlichen und künstlerischen Lebens zu Lebzeiten mit Büsten zu würdigen, ging vor allem im Werk Schadows aus dem späten 18. Jahrhundert ungebrochen in die Frühzeit des 19. Jahrhunderts über: 1798 entstand die Büste Friedrich Nicolais, 1801 verewigte Schadow den genialen, früh verstorbenen Friedrich Gilly. 1802 schloss sich die Büste des Friedrich Anton Freiherr von Heinitz an, 1802–1805 die Büste Wielands, 1807–1808 die von Johannes von Müller, bis 1821 die Büsten Winckelmanns und 1822–1823 Goethes folgten. 1819 fertigte Tieck die Büste Schinkels, 1831 entstand durch Emil Wolff ein Porträt Schadows. Ebenfalls aus der Werkstatt Rauchs ging eine Vielzahl solcher Werke hervor: 1816 Bertel Thorwaldsen, 1819 Hans Christian Genelli, 1820 Johann Wolfgang von Goethe, 1823 Alexander von Humboldt, 1825 Friedrich von Schuckmann, 1825 Friedrich Tieck, 1827 Gaspare Spontini, 1829 Daniel Friedrich Schleiermacher, 1833 Christoph Wilhelm Hufeland, 1839 Johann Philipp von Ladenburg, 1846 Christian Peter Wilhelm Beuth, 1847 Peter Joseph Lenné, 1851 Alexander von Humboldt, 1855 August Borsig. Und auch Albrecht Thaer wurde 1824 von Wichmann in fortgeschrittenem Alter porträtiert.

Solche Büsten dienten nicht nur dem privaten Gebrauch, sondern wurden auch in öffentlichen Gebäuden als Zeichen der Würdigung und Anerkennung aufgestellt: Beim Neubau des Schauspielhauses auf dem Gendarmenmarkt ordnete Schinkel im Konzertsaal des Hauses die Büsten berühmter Komponisten an – unter ihnen Johann Sebastian Bach, Carl Heinrich Graun und Christian Friedrich Karl Fasch. Die Universität erließ am 24. November 1836 ein „Statut über die Aufstellung von Büsten und anderen Kunstdenkmälern", wobei zwischen der Sammlung von Bildnissen im Senatszimmer und dem Aufstellen von Büsten in der Aula und damit zwischen einer „bleibenden Erinnerung" und der „offiziellen Anerkennung" unterschieden wurde. „Um eine bleibende Erinnerung an die Professoren der Universität zu erhalten, wird in dem Senatszimmer der Universität eine möglichst vollständige Sammlung von Bildnissen aufgestellt; und um ein dauerndes Denkmal für vorzügliche Verdienste um die hiesige Hochschule zu gründen, wird in dem großen Hörsaal (der Aula) der Universität eine Auswahl von Marmorbüsten auf Konsolen an der Wand feierlichst aufgestellt, so dass das Senatszimmer zu einer historischen Sammlung und der große Hörsaal zu einer offiziellen Anerkennung bestimmt ist."[51] Die Büsten Schleiermachers, Hegels und Wolfs wurden mit königlicher Zustimmung vom 21. Dezember 1840 auf diese Weise aufgestellt. Diejenige Schinkels erhielt – später ergänzt durch die Wilhelm von Humboldts – in der Vorhalle des Alten Museums einen Platz, jene von Beuth im Gewerbeinstitut. Goethes von Rauch 1820 geschaffene Büste löste bei Hegel eine das Denkmalverständnis seiner Zeit kennzeichnende Interpretation aus: „... diese hohe Stirn, diese gewaltige, herrschende Nase, das freie Auge, das runde Kinn, diese gesprächigen, vielgebildeten Lippen, die geistreiche Stellung des Kopfes, auf die Seite und etwas in die Höhe den Blick weggewendet; und zugleich die ganze Fülle der sinnenden, freundlichen Menschlichkeit, dabei diese ausgearbeiteten Muskeln der Stirn, der Mienen, der Empfindungen, Leidenschaften und in aller Lebendigkeit die Ruhe, Stille, Hoheit im Alter; und nun

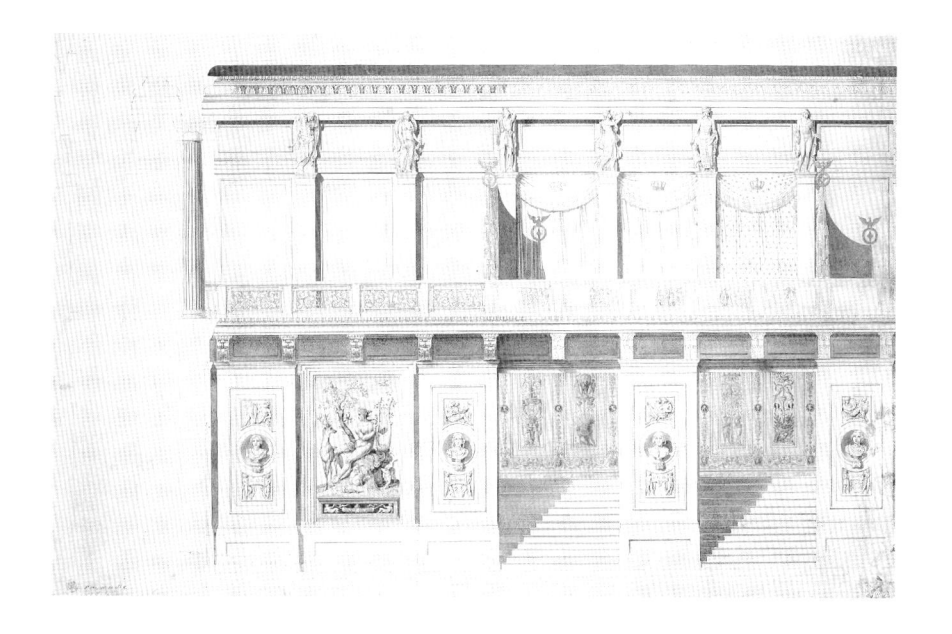

Karl Friedrich Schinkel. Schauspielhaus auf dem Gendarmenmarkt. Aufriss der Längswand des großen Konzertsaales, 1819

Insgesamt sollten achtzehn Büsten von Komponisten, Dichtern und dramatischen Künstlern im Konzertsaal sowie im unteren und oberen Vorsaal aufgestellt werden. Die Büsten der Komponisten wurden im großen Konzertsaal oberhalb der Augenhöhe der Betrachter in kreisrunden Nischen angebracht.

Die Alte Aula der Universität, 1910

Bis zu ihrer Überführung in die Neue Aula standen entlang der Wände der Alten Aula Büsten geehrter Hochschullehrer auf Konsolen dicht gereiht nebeneinander. Im Sinne einer Rebarockisierung des Raumes wurden nachfolgend anstelle der Büsten auf beiden Seiten des Saaleinganges große Ölbilder aufgehängt.

daneben das Welke der Lippen, die in den zahnlosen Mund zurückfallen, das Schlaffe des Halses, der Wangen, wodurch der Turm der Nase noch größer, die Mauer der Stirn noch höher heraustritt. ...; es ist der feste, gewaltige, zeitlose Geist, der, in der Maske der umherhängenden Sterblichkeit, diese Hülle herabfallen zu lassen im Begriff steht und sie nur noch lose um sich frei herumschlendern läßt."[52]

Medaillen Die für das Denkmal Thaers seit 1828 gesammelten, aber nicht verausgabten Mittel wurden um 1830 für eine Medaille auf den Verstorbenen umgenutzt. Eine erste Medaille auf Thaer war bereits zu dessen Geburtstag am 14. Mai 1827 herausgebracht worden. 1833 modellierte David d'Angers das Bildnismedaillon Schinkels, zu dem nach seinem Tode 1841 eine Medaille herausgebracht wurde. 1846 fertigte Carl Heinrich Lorenz eine Medaille mit Beuth, der bereits 1827 als Beförderer des Gewerbefleißes in gleicher Weise geehrt worden war.

Rundmedaillons mit Bildnissen von Verstorbenen waren bereits fester Bestandteil von Grabmonumenten, und so riefen mit dieser tradierten Form auch die Freunde und Verehrer Schinkel und Beuth den Besuchern ihrer Gräber in Erinnerung.

Nur in Ausnahmefällen entstand auf einem Kirchhof mit einem Grabmal ein einem öffentlich gestifteten Denkmal vergleichbares Werk, wohl um eine solche nicht zu erwartende Ehrung trotzdem zum Ausdruck zu bringen. Das Grab des am 27. Januar 1850 verstorbenen Schadow, dessen Ansehen inzwischen durch den Ruhm Christian Daniel Rauchs nahezu in Vergessenheit geraten war, geriet zu einem solchen Monument der Würdigung und Anerkennung. Schadows 1825–1826 von Heinrich Kaehler gearbeitete Statuette diente wie bei einem Denkmal als Bekrönung für einen schlanken vierkantigen Schaft.

Der Platz vor der Akademie als Denkmalort

Christian Peter Wilhelm Beuth war am 27. September 1853 in Berlin verstorben und auf dem Dorotheenstädtischen Kirchhof an der Chausseestraße nahe dem Grabe Schinkels beigesetzt worden. Bereits wenige Tage später hatte sich ein Komitee, dem auch August Borsig angehörte, zusammengefunden, um an den König am 7. Oktober 1853 das Gesuch zu richten, Beuth „durch Errichten eines würdigen Grabdenkmals ein äußeres Zeichen des Dankes und der Verehrung dar[zu]bringen."[53] Am gleichen Tage wurde ein gedruckter Aufruf mit einer Spendenliste in Umlauf gebracht und bereits die

Medaille auf Thaer, 1827
Medaille auf Schinkel, 1841
Medaille auf Beuth (Vorder- und Rückseite), 1827
Medaille auf Beuth (Vorder- und Rückseite), 1846

Form des Grabdenkmals beschrieben. Es solle „in gleichem Sinne, wie dasjenige, welches unter dessen Leitung [d. h. von Beuth] auf der Ruhestätte seines voraufgegangenen Freundes Schinkel errichtet ist",[34] entstehen. Und wiederum nur sechs Wochen später richtete der Minister für Handel, Gewerbe und öffentliche Arbeiten an den König das Gesuch, Beuth „durch ein, demselben in Berlin zu errichtendes öffentliches Monument zu ehren und dauernd zu vergegenwärtigen",[35] wozu neben der Sammlung unter den Schülern und

oben links:

Christian Daniel Rauch. Porträtrelief Karl Friedrich Schinkels auf seiner Grabstele, 1841

Christian Daniel Rauch hatte 1836 seinen Freund Schinkel als Teil einer Folge von Porträtmedaillons porträtiert. Diese Arbeit diente 1841, nach dem Tode des hochverehrten Architekten, als Vorbild für das Porträtrelief auf Schinkels Grabstele. Das Bildnis zeigt Schinkel fast als idealisierte alterslose Persönlichkeit.

oben rechts und unten:

Christian Daniel Rauch. Bildnisrelief Beuths auf seiner Grabstele, 1854
Dorotheenstädtischer Kirchhof. Grabstele mit Bildnisrelief Beuths

Die Grabstele, das Bildnisrelief und auch die Umfriedung der Grabstelle Beuths folgten eng dem nahe gelegenen Grab Schinkels, selbst wenn kennzeichnende Abänderungen eintraten: Der Gesamtaufbau der Stele wurde insgesamt stumpfer, die Palmettenbekrönung wurde verändert, die Feinteiligkeit der Profile und Ornamente zurückgenommen und das Porträt des Verstorbenen nach rechts gewendet.

Freunden des Verstorbenen zum Aufbringen der Kosten auch vom König die Zustimmung einer staatlichen Beteiligung aus dem Haushalt des Handelsministers erbeten wurde. Friedrich Wilhelm IV. hatte vorab zwar der Denkmalidee im Grundsatz augenscheinlich mündlich schon zugestimmt, über eine Beteiligung aus dem öffentlichen Haushalt wollte er nach Aussage seines schriftlichen Bescheides aber erst entscheiden, wenn das Ergebnis der Sammlung vorlag. Anders als 1830, als Friedrich Wilhelm III. noch für den zwei Jahre zuvor verstorbenen Thaer ein öffentliches Denkmal ablehnte, gab es nun keinen Zweifel mehr daran, dass eine um die Entwicklung des Gewerbes und der Industrie verdiente Persönlichkeit wie Beuth auf einem öffentlichen Platz geehrt werden durfte:

Nach der Eingabe an den König vom Spätherbst 1853 bereitete das Beuth-Komitee unter den Berliner Bildhauern einen Wettbewerb vor, nachdem der Spendenaufruf bis zum Juni 1854 die beachtliche Summe von über 30 000 Talern erbracht hatte. Als Aufgabe stellte das Komitee, „in einem Standbilde die Persönlichkeit des Verewigten möglichst getreu darzustellen" und in den Reliefs des Sockels „neben den auf seine Person bezüglichen Andeutungen auch jene Entwicklung des Handels und der Gewerbe, deren Förderung er seine Kraft und Tätigkeit widmete, in geeigneten Andeutungen zu vergegenwärtigen; etwa in der Weise, daß die Einen an den vier Seitenwänden, die Anderen in einem fortlaufenden Fries am Sockel Raum fänden."[36] Mit der „möglichst getreuen" Wiedergabe der Persönlichkeit musste notwendigerweise auf die in gleicher Weise bereits ausgebildeten Vorläufer in Gestalt der Statuetten zurückgegriffen werden.

In diesen Wettbewerb griff der König jedoch unvermittelt ein. „S.[eine] M.[ajestät] d.[er] K.[önig] haben in Erfahrung gebracht – so der Geheime Kabinettsrat Illaire am 27. Oktober 1854 an den Generaldirektor der königlichen Museen Olfers –, daß bei der für das Standbild des verst.[orbenen] Geh.[eim]-Raths Beuth ausgeschriebenen Konkurrenz der Prof.[essor] Kiss das von ihm angefertigte Modell nicht eingesandt habe u.[nd] dieser daher keine Aussicht habe, mit zur Wahl gestellt zu werden, halten es aber doch für wünschenswert, dem öffentlichen Urtheil die Möglichkeit u.[nd] Gelegenheit zu geben, dieses Modell mit den Konkurrenzarbeiten zu vergleichen und sich darüber zu äußern u.[nd] indem Allerhöchstdieselben glauben, daß dies ... durch eine öffentliche Ausstellung sämtlicher Modelle nebeneinander zu erreichen seyn dürfte, wünschen Allerhöchstdieselben, daß ... [Sie] wo möglich noch die gegenwärtige Kunstausstellung der Akademie zu Berlin zur Ausführung des vorgedachten Allerhöchsten Gedankens benutzen möchten."[37] Olfers berichtete schon am nächsten Tage, er habe das Schreiben Illaires „im Einverständnis mit dem Professor Rauch" weitergeleitet.

Nur kurze Zeit nach der königlichen Intervention zu Gunsten des Bildhauers Kiss berichtete der Handelsminister unter dem 21. No-

rechte Seite:

Denkmäler Beuths und Thaers auf dem Schinkelplatz in Berlin

vember 1854 an den König, daß „das Central-Comité [d. h. für das Beuth-Denkmal] eine Concurrenz um die Ausführung des Denkmals unter den einheimischen Künstlern eröffnet und unter den eingegangenen Entwürfen denjenigen des Professors Kiss für das Standbild und einen Entwurf des Professors Drake für das Piedestal zur Ausführung gewählt [habe]. ... Das Comité ist der Meinung, ... , daß Ew. Königliche Majestät die Ausführung des Denkmals, nach der von ihm getroffenen Wahl, und dessen Einrichtung hier auf dem Platze an der Bau-Akademie allergnädigst genehmigen wollen."[38] Versichert wurde gleichzeitig, dass die gesammelten Gelder die entstehenden Kosten insgesamt abdecken würden, weshalb der öffentliche Haushalt nicht in Anspruch genommen zu werden brauche. Unter dem 27. November 1854 stimmte der König der Vorlage zu, und damit auch dem vorgesehenen Standort des Denkmals auf dem Platz vor der Bauakademie. Über den Standort des Beuth-Denkmals bestand somit von Anfang an ebenso wenig der geringste Zweifel wie über die Denkmalwürdigkeit der zu ehrenden Person.
Diese Entscheidung Friedrich Wilhelms IV. bildete nun den Berufungsfall für das Thaer-Denkmal, dessen Angelegenheit im Vorjahr 1853 erneut an den Monarchen herangetragen worden war. Am 20. März 1853 hatte von Beckedorf als Präsident des Landes-Ökonomie-Kollegiums die „ehrfurchtsvolle Bitte" an den König gerichtet: „Eure Königliche Majestät wolle geruhen, sowohl die schließliche Genehmigung zur Aufstellung des Thaerschen Denkmals in Berlin zu ertheilen, als auch allergnädigst zu befehlen, wo dasselbe seine Stelle finden soll."[39] Gleichwohl legte von Beckedorf seinem König mit dem Opernplatz und damit in der Nähe des Platzes vor der Bauakademie einen Standortvorschlag im Schlossbezirk nahe. Sicherlich in Erinnerung an die älteren Erörterungen über einen Standort in oder am Rande der Berliner Altstadt wollte man nun in den Hoheitsbezirk des Schlosses und damit in die Mitte der Stadt. „Wenn eine vernommene Nachricht Grund hat, so beabsichtige Eure Königliche Majestät den Platz zwischen Bibliothek und Opernhaus für Monumente zu bestimmen, die den in den friedlichen Verhältnissen des Lebens erworbenen Verdiensten gewidmet seyn sollen. Vielleicht würden Allerhöchstdieselben sich geneigt finden, auch den eifrigen und glücklichen Begründer eines einsichtsvolleren Betriebes des deutschen Landbaus, dieser wichtigsten und sichersten Quelle des allgemeinen Wohlstandes, dort einen Platz anweisen zu wollen."

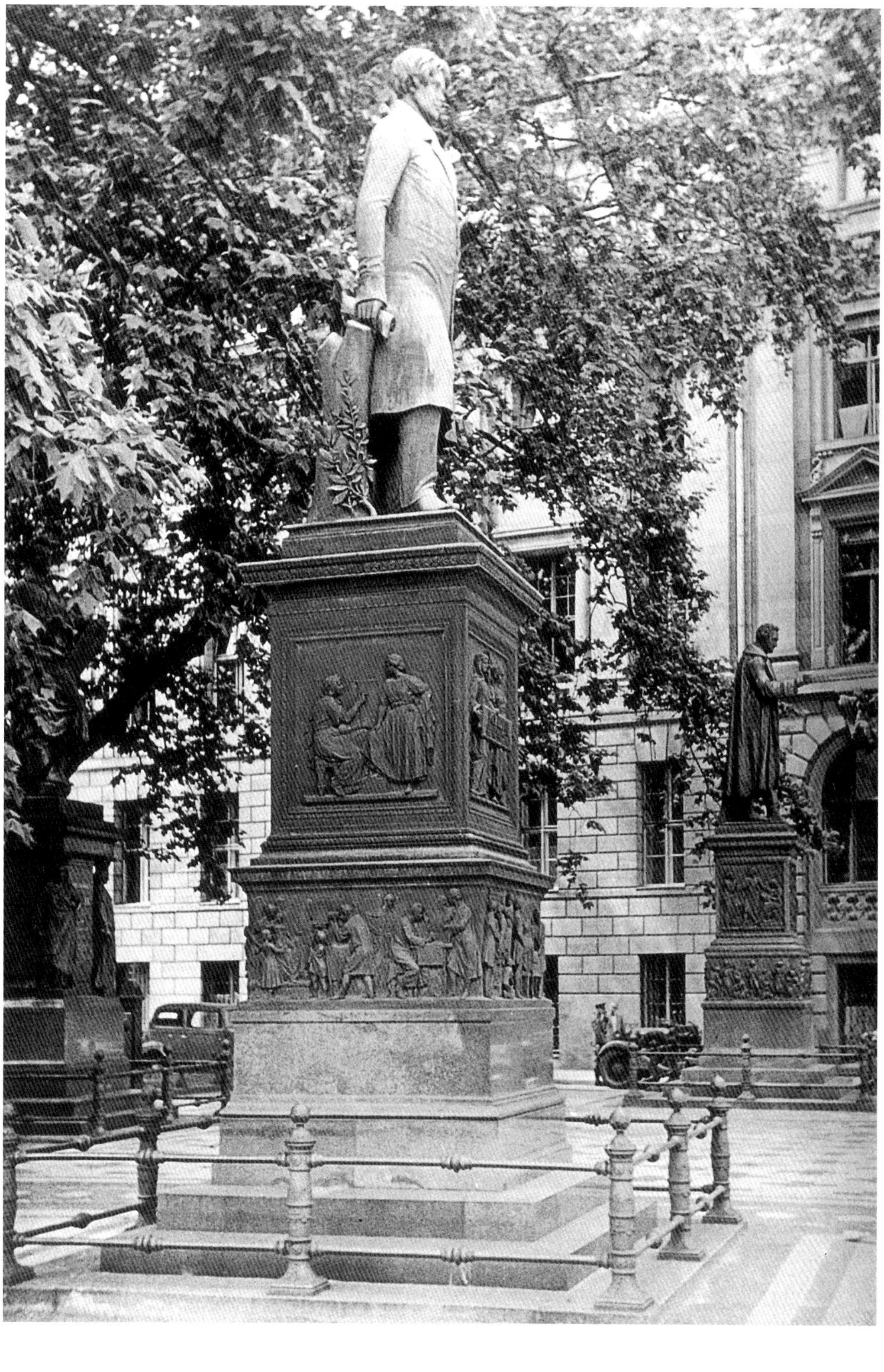

Der Denkmalort Altes Museum

Diese „vernommene Nachricht", der Monarch wolle ein Forum schaffen, auf dem die Verdienste um die „Friedenskünste" geehrt werden sollten, ging augenscheinlich auf bestimmte Vorstellungen des Monarchen ein, der mit dem ikonographischen Programm im Weißen Saal des Schlosses bereits deutlich gemacht hatte, dass sich der Staat neben der weiterhin unverzichtbaren Säule des Militärs auch auf um Wissenschaft und Kunst sowie den Gewerbefleiß verdiente Männer zu stützen habe. Und eine solche Stelle konnte dann nicht abseits irgendwo in der Stadt, sondern nur im Umfeld des Schlosses liegen. Ein solcher Ort der Würdigung herausragender Künstler entstand zum Zeitpunkt des Schriftverkehrs von Beckedorfs mit dem König in

Säulenhalle des Alten Museums mit den Statuen Karl Friedrich Schinkels, Johann Gottfried Schadows, Christian Daniel Rauchs und Johann Joachim Winckelmanns

Die Säulenhalle des Alten Museums sollte zum wandelnden Verweilen dienen. Zu den großen Wandbildern mit dem Bilderzyklus zu Götter- und Menschenschicksalen kamen in den vierziger Jahren des 19. Jahrhunderts die vier Statuen der Beförderer der Künste der eigenen Gegenwart hinzu, vor denen der Museumsbesucher ebenfalls verweilen sollte. Die Errichtung der Denkmäler in der Halle des Museums war Ausdruck eines königlichen Dankes, während die Denkmäler auf dem Schinkelplatz ihre Entstehung der bürgerlichen Gesellschaft verdankten.

rechte Seite:

Christian Friedrich Tieck. Denkmal Karl Friedrich Schinkels, 1843–1855
Ludwig Wichmann. Denkmal Johann Joachim Winckelmanns, 1844–1848
Johann Friedrich Drake. Denkmal Christian Daniel Rauchs, 1851–1864
Hugo Hagen. Denkmal Johann Gottfried Schadows, 1866–1869

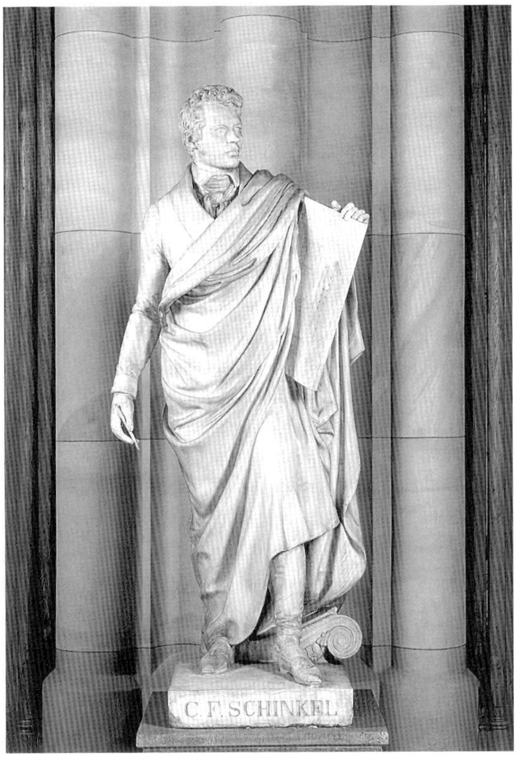
C.F. SCHINKEL

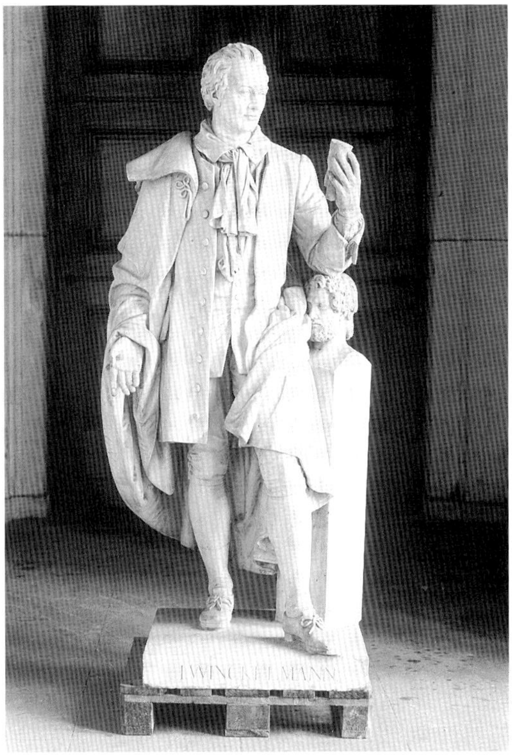
J.WINCKELMANN

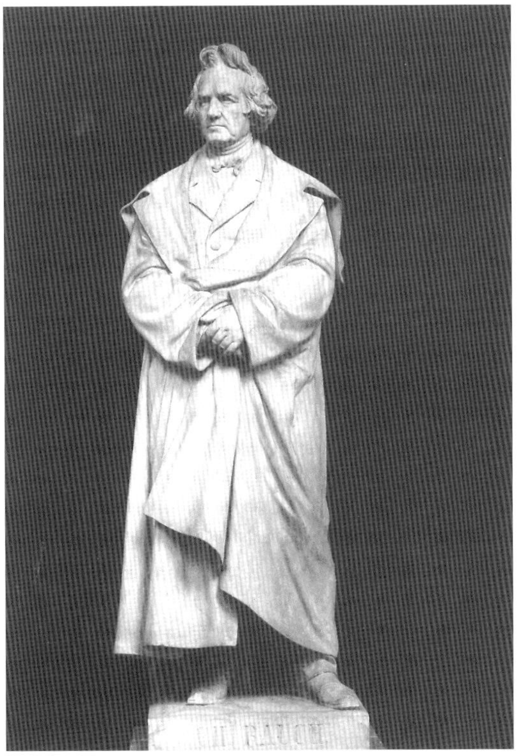

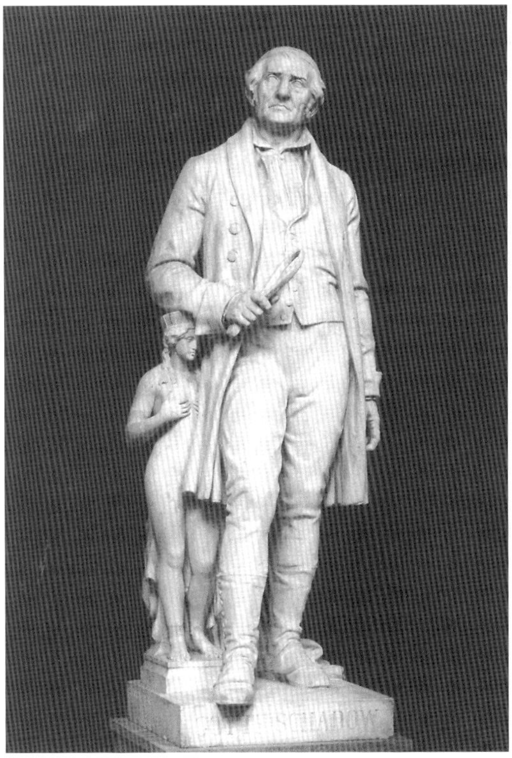

Sachen Thaer-Denkmal tatsächlich in der Vorhalle des Alten Museums und man kann es als charakteristisch ansehen, dass sich der Monarch mit seinen Vorstellungen aus dem öffentlichen Raum in die Vorhalle eines königlichen Museums zurückzog, denn er verfolgte zwar in der Denkmälerfrage ein anderes Staatsverständnis als sein Vater, doch konnte er in seinem Selbstbewusstsein nicht hinter die Tätigkeit von Berufsverbänden zurücktreten. So blieb nur der Rückzug in ein königliches Bauwerk.
1855 wurde in der Vorhalle des Alten Museums das leicht überlebensgroße Standbild Schinkels, das 1843 Tieck in Auftrag gegeben worden war, aufgestellt – in der öffentlichen Kritik wurde es als eins der schwächsten Werke des Bildhauers eingestuft, so in der „Illustrierten Zeitung". Mutmaßlich 1844 begonnen war 1848 auch das Modell für das hier ebenfalls zu errichtende Standbild Johann Joachim Winckelmanns durch den Bildhauer Ludwig Wichmann vollendet. 1851 erhielt Johann Friedrich Drake den Auftrag des Monarchen, als Ausdruck des königlichen Dankes Christian Daniel Rauch, den Schöpfer des Friedrich-Denkmals Unter den Linden, das in diesem Jahr vollendet worden war, ebenfalls in einer Statue zu verewigen. Später folgte noch das Denkmal Johann Gottfried Schadows von Hugo Hagen. „Am Eingange vom Treppenflur stehen die marmornen Standbilder von Schinkel und Rauch, an den Enden der Säulenhalle die von Gottfr.[ied] Schadow und Winckelmann."[40] Schinkel und Rauch flankierten somit in der Säulenhalle unmittelbar den Zugang des zum Lustgarten hin offenen Treppenhauses, während die Statuen von Schadow und Winckelmann in deren Tiefe standen. Wahrscheinlich sollten diese Denkmäler ebenso wie die Kunstwerke des Museums auch „ein unfehlbares Mittel [sein], daß sich Geschmack und Kunstsinn durch alle Schichten des Volkes ausbreite und das Volk selber zu höherer Cultur fördere."[41] Die in Gang befindliche Entwicklung der Denkmälerfrage machte somit deutlich, dass ein in königlichem Auftrag gefertigtes Standbild Schinkels, das zusammen mit anderen seiner Standesgenossen in einem königlichen Museum aufzustellen war, offensichtlich doch nicht das öffentliche Denkmal ersetzen konnte, das nun nicht mehr der Monarch stiftete, sondern das „Vaterland" in Gestalt seiner bürgerlichen Gesellschaft oder ihrer Standesvertretungen forderte und auch ohne finanzielle Zuwendung des Staates zu Stande brachte. Die Früchte des Wirkens der mit dem Denkmal Geehrten nahm folglich auch schon nicht mehr der Regent, sondern das Vaterland entgegen. In der Denkmälerfrage manifestierte sich unübersehbar die Transformation in die liberale Bürgergesellschaft mit der Folge, dass die Monarchen an den Einweihungen der Standbilder nicht teilnahmen. Die Denkmäler auf dem Schinkelplatz sollten wohl kaum der Beförderung „höherer Cultur" dienen wie die in der Vorhalle des Alten Museums, sie wurden vielmehr zum Ausdruck des bürgerlichen Stolzes.

Der Denkmälerstreit

In der Angelegenheit des Thaerschen Denkmals erging zunächst am 27. Mai 1853 die Antwort an von Beckedorff, dass der König mit einer Aufstellung des Denkmals in Berlin grundsätzlich einverstanden sei, das Komitee jedoch die Wahl zwischen den Standorten in der Klosterstraße und auf dem Alexanderplatz zu treffen habe. Die Behörden müssten indessen ebenfalls jeden der beiden in Frage kommenden Standorte auch ihrerseits erst noch prüfen.
Die Denkmalangelegenheit Thaer kam damit zunächst zur Ruhe, doch meldete sich von Beckedorf am 7. Februar 1856 beim König erneut zu Wort: „Dem Vernehmen nach soll auf Eurer Majestät Bestimmung das dem verstorbenen Beuth zu setzende Denkmal auf dem Platze vor der Bau-Academie seinen Standort erhalten. Vielleicht dürfte es nicht unangemessen sein, wenn neben demselben auch das Standbild Thaer's seinen Platz fände. / Die Verdienste beider Männer sind nahe verwandt; beide haben der Gewerbsamkeit in Eurer Majestät Landen und noch in weiteren Kreisen neue Bahnen eröffnet und einen noch immer zunehmenden Aufschwung mitgetheilt. Beide aber haben auch nach dem innigen Verhältniß, welches zwischen Erzeugung und Bearbeitung der Producte stattfindet, ein jeder von seiner Seite den wohlthätigsten Einfluß auf die Sphäre des anderen geübt, und die Nähe ihrer Denkmale würde daher einen jeden derselben noch eine erhöhte Bedeutung verleihen. / Eure Königliche Majestät wage ich daher ehrfurchtsvollst zu bitten, allergnädigst genehmigen zu wollen: daß das Standbild Thaer's neben dem Standbild Beuth's auf dem für dieses bestimmten Platz aufgestellt werden dürfe." Landwirtschaft sowie Gewerbe und Industrie waren in den Augen von Beckedorffs nicht nur gleichberechtigt, sondern sich auch gegenseitig befruchtende Erwerbszweige.
Am 24. Februar 1856 sollte von Beckedorff indessen erst noch erklären, warum die beiden Standorte Klosterstraße und Alexanderplatz auszuscheiden hätten, was dann mit Schreiben vom 28. März auch erfolgte.
Das Jahr 1857 schien in der Denkmalfrage komplikationslos zu verlaufen. Unter dem 12. März 1857 mahnte Olfers beim königlichen Kabinettsrat Illaire unter Hinweis auf eine inzwischen eingetretene Krankheit von Beckedorfs die formelle Entscheidung in der Denkmalfrage Thaer an, die Friedrich Wilhelm intern ihm gegenüber schon längst getroffen habe. Am 20. März übersandte er Illaire sogar den Plan, den er – Olfers – bei seinem Vortrag dem König vorgelegt hatte. „Die Stellung der beiden Denkmäler von Beuth und Thaer sind darauf mit Bleistift angegeben, wie sie namentlich auch Rauch wünscht."[42] Das Schreiben wies unter dem 28. März als Randnotiz

die Verfügung auf, „daß S[eine] M[ajestät] mit d.[er] Aufstell[un]g d.[er] Statuen an den in d.[er] Zeichnung ange.[gebenen] Stellen einverstanden sind." Augenscheinlich hatte Illaire den Plan zusätzlich zum Vortrag von Olfers dem Monarchen noch einmal vorgelegt. Unter dem 4. April 1857 wurde dann der Handelsminister ermächtigt, das Weitere in der Denkmalangelegenheit zu veranlassen.
Anfang des Jahres 1858 ging plötzlich das Beuth-Komitee mit Schreiben vom 31. Januar an den Handelsminister und vom 16. Februar an den König gegen die Aufstellung des Thaer-Denkmals auf dem Platz vor der Bauakademie vor. Als Gegenargumente wurden genannt, dass dem hochverehrten Schinkel nun auch ein Denkmal gesetzt werden solle und ein solches anders als das Thaer-Denkmal das Beuth-Denkmal würdig und angemessen ergänze. Der Sockel des Thaer-Denkmals müsse bei einer Aufstellung am gleichen Ort überdies erst dem Beuths angepasst werden, und überhaupt sei die Gestalt Thaers in ihrer künstlerischen Ausformulierung zu altertümlich und passe nicht zu der in modernerer Weise aufgefassten Statue Beuths. Natürlich unterbreitete die Beuth-Partei Vorschläge für einen anderen Standort des Thaer-Denkmals. Genannt wurden der Opernplatz, der Platz vor der Universität, das Wäldchen hinter der Universität, die Baumreihe im Lustgarten, der Gendarmenmarkt. Postwendend argumentierte das Thaer-Komitee unter dem 16. Februar beim Handelsminister erneut für die Gleichberechtigung der Denkmäler Thaer und Beuth: „Beide erscheinen daher mit Recht als die Repräsentanten beider Hauptzweige des Nationalwohlstandes." Hinter diesem Denkmälerstreit dürfte das Selbstverständnis von Gewerbe und Industrie gestanden haben, das sich im Zeitalter der in vollem Gange befindlichen Industrialisierung der Landwirtschaft überlegen fühlte.
1858 trat dann tatsächlich auch ein Komitee für das Schinkel-Denkmal zusammen, dem unter dem Vorsitz Stülers Strack, Waagen und Nottebohm angehörten. Geplant war, „ein Standbild von Bronce, ... in Größe und im Postamente mit dem in der Ausführung begriffenen Standbilde Beuths übereinstimmend herzustellen" und es „neben dem Beuth's, des langjährigen sinn- und thatverwandten Freundes Schinkels, vor der Bau-Akademie, dem aus dem gemeinsamen Wirken beider hervorgegangenen bedeutsamen Bauwerke"[43] aufzustellen. Ein Wettbewerb zum Denkmal wurde 1860 unter Drake, Blaeser und Schievelbein durchgeführt, wobei Drake den Zuschlag und 1861 den Auftrag erhielt.
Die ursprüngliche Absicht, ein Schinkel-Denkmal gegen das Denkmal Thaers ins Spiel zu bringen, ging bald ins Leere. Im April 1858 fertigte Lenné bereits einen Entwurf zur Aufstellung der drei Denkmäler im Halbkreis. Gegen einen alternativen Entwurf Lennés wurde die bevorzugte halbkreisförmige Anordnung mit ästhetischen Argumenten begründet: „Dem ersten Vorschlag – die Gruppierung im

Kreisbogen – steht die ästhetische Rücksicht zur Seite, dass die Zusammenstellung der drei Standbilder in der Mitte des Platzes, symmetrisch zur Bau-Akademie, ein mit dem hervorragenden Akademie-Gebäude mehr harmonierendes, räumlich bedeutenderes Ganzes zu bilden verspricht." Das Akademiegebäude und die Denkmälergruppe wurden als eine Einheit begriffen.

Blieb nur noch die Frage, wo in diesem Halbkreis welches Denkmal stehen sollte. Diese Entscheidung traf dann der Prinzregent auf Vorschlag seines Landwirtschaftsministers; dabei wurde dem Schinkel-Denkmal die mittige Position zugewiesen.

Das Verständnis der gesamten Denkmälergruppe hatte sich spätestens zum Zeitpunkt der Enthüllung des Schinkel-Denkmals im Jahre 1869 herausgebildet. Hier war – nach einer Begründung und Stellungnahme dazu – beabsichtigt, „in würdigen Repräsentanten des Ackerbaus, der Gewerbethätigkeit und der geistigen Durchdringung der Materie zur künstlerischen Formgestaltung die Elemente zur Anschauung zu bringen, von deren sorgfältiger Pflege das Vaterland Aufschwung und vermehrtes Ansehen in friedlicher Entwicklung auch fernerhin zu erwarten hat."[44]

In Zusammenhang mit der Enthüllung des Schinkel-Denkmals wurde der Platz vor der Bauakademie am 20. November 1869 in Schinkelplatz umbenannt.

Die Geehrten

Albrecht Daniel Thaer

Der Wirkungsort Albrecht Daniel Thaers in Preußen war das Rittergut Möglin bei Wriezen am Rande des Oderbruchs, das er 1804 erwarb und auf dem er 1806 seine Landwirtschaftliche Akademie eröffnete.

Mit Möglin war die Wahl Thaers auf einen nur mageren, teils sandigen Boden gefallen, auf dem die Überlegenheit der von ihm seit 1807 hier angewandten Fruchtwechselwirtschaft gegenüber der althergebrachten Ackerwirtschaft und selbst der neueren Koppelwirtschaft besonders sinnfällig demonstriert werden konnte. Im traditionellen bäuerlichen Verständnis wurde bis dahin, um einer Erschöpfung des Bodens vorzubeugen, nach der Regel der Dreifelderwirtschaft ein Drittel der zu bewirtschaftenden Fläche wechselweise stillgelegt. Diese Brache minderte schon allein durch die Reduzierung des anbaufähigen Bereichs grundsätzlich die Wirtschaftlichkeit des landwirtschaftlichen Betriebs. Andererseits vermied die modernere Form der Koppelwirtschaft mit ihrem intensiven Getreideanbau nicht die befürchtete Erschöpfung der Böden. Die Fruchtwechselwirtschaft mit ihrem ständigen Wechsel von Halm- und Blattfrüchten konnte dagegen in Verbindung mit einer Bodendüngung durch Stallmist sowie durch den Einsatz verbesserter Ackergeräte die Grundlage für eine ertragsorientierte Landwirtschaft werden.

Neben die Fruchtwechselwirtschaft und neben einer ganzjährigen Stallfütterung des Viehs mit der Voraussetzung eines umfangreichen Futteranbaus trat als weitere Säule des landwirtschaftlichen Betriebs eine verbesserte Viehzucht – hier besonders bei Schafen – durch das gezielte Kreuzen französischer, sächsischer und einheimischer Merinos mit einer deutlich gesteigerten und vor allem gleichmäßig ausfallenden Qualität der Wolle.

Die Stallfütterung ermöglichte das Düngen der Felder, ebenso diente der Ertragssteigerung eine verbesserten Bodenkultivierung mit Hilfe weiterentwickelter Ackergeräte, unter denen die Aufmerksamkeit Thaers besonders dem Pflug galt, der als „Thaer'scher Pflug" eine weite Verbreitung fand.

Die Wahl von Möglin war keinesfalls zufällig, denn diese Gegend hatte Thaer bei Reisen in die Mark 1799 und 1801 besucht. Er hatte dabei die Bekanntschaft mit den Friedlands und Itzenplitz' gemacht und war mit seinen Veröffentlichungen beispielsweise in den Gesichtskreis Friedrich August Ludwigs von der Marwitz getreten, der in seinen „Nachrichten aus meinem Leben" festhielt: „... an Unglücksfälle dachte ich nicht, wohl aber hatte ich mich in jenen Jah-

---

Johann Heinrich Lips. Porträt Albrecht Daniel Thaers, nach 1803

Der Bekanntheitsgrad Thaers fand bereits zu Beginn des 19. Jahrhunderts seinen Niederschlag auch in der Verbreitung seines in Kupfer gestochenen Porträts, das nach der Vorlage eines 1803 von Johann Jacob de Lose angefertigten Gemäldes entstand. Es zeigt Thaer an einem Tisch sitzend. Vor dem auf der Tischplatte aufliegenden rechten Arm findet sich eine Schreibfeder als Zeichen seiner Gelehrsamkeit.

ren, wo die Landwirtschaft eben anfing zu florieren, auf Arthur Youngs und Thaers Schriften geworfen und zweifelte nicht an einer Verbesserung des Ertrages in infinitum, wenn ich die Pacht aufhöbe und die Bewirtschaftung des Gutes [d. h. von Friedersdorf] selbst übernähme."[45] Von der Marwitz besaß alle wichtigen Veröffentlichungen Thaers. Mit Itzenplitz hatte Thaer bereits bei seiner „Einleitung zur Kenntnis der englischen Landwirthschaft" im wissenschaftlichen Austausch gestanden.

Thaer ließ sich somit in einem Landstrich nieder, in dem mit den Gütern Prötzel, Kunersdorf, Altfriedland, Haselberg und Kienitz die Auseinandersetzung um verbesserte Bewirtschaftungsformen in der Landwirtschaft bereits eingesetzt hatte und die Gutsbesitzer Verkehr mit der Berliner Gesellschaft pflogen. Und schließlich war in der Nachbarschaft in Neu-Hardenberg ein Studienfreund aus Göttinger Zeiten Eigentümer: Karl August Fürst von Hardenberg, der ihn 1804 nach Preußen berufen hatte.

Paul Graf von Kamecke, Besitzer der Möglin benachbarten Güter Prötzel, Grunow, Prädikow und Harnekop, hatte nach einer Englandreise durch den Landwirt Christopher Brown auf seinen Gütern 1766–1769 die englische Vierfelderwirtschaft einführen lassen. Brown sollte schließlich auch im Auftrag des Königs die Domänenämter Mühlenbeck und Schönhausen auf den neuen Betrieb umstellen, doch ruinierte die Missernte von 1771–1772 diesen Versuch, weshalb Brown in Verbindung mit anderen Schwierigkeiten die Flucht ergriff und nach Sachsen ging. Unter den königlichen Domänen erwarb sich Kienitz Ende des 18. Jahrhunderts durch das Ein-

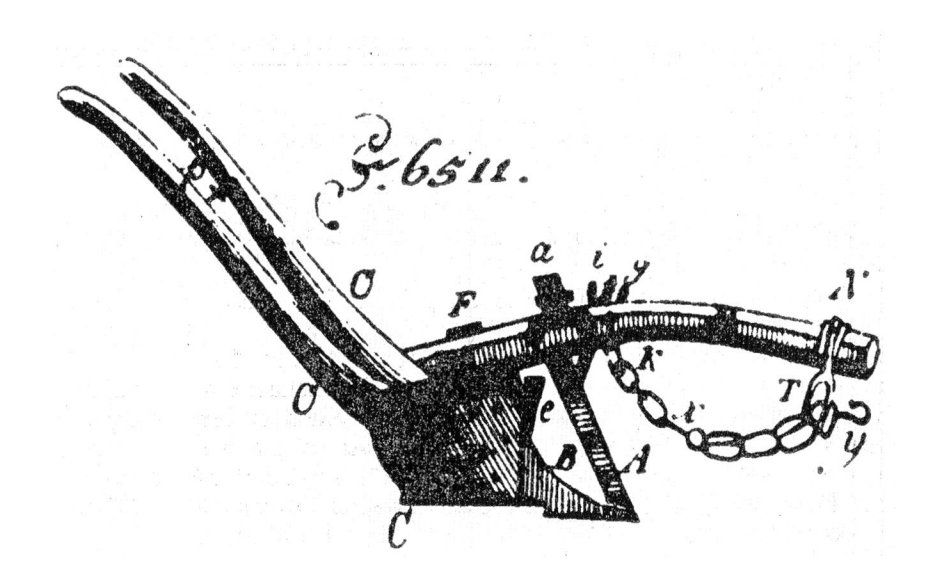

Der Thaersche Pflug

führen moderner Bewirtschaftungen den Ruf, das Musterbeispiel eines staatlichen Domänenamtes zu sein.

In Haselberg war der Leiter der Berliner Lagerhaus-Manufaktur, Paul Benedikt Leonhardt Wolff – seit 1777 Eigentümer der Ländereien –, bereits 1781–1783 von der traditionellen Dreifelderbewirtschaftung und unter Aufheben der strengen Trennung von Ackerland, Wiesen und Weiden zur Mecklenburgischen Koppelwirtschaft mit ihrem periodischen Wechsel von Getreide- und Grasschlägen auf der gesamten anbaufähigen Fläche übergegangen, die er später durch den Anbau von Klee und Kartoffeln zur Märkischen Koppelwirtschaft erweiterte. Zu Haselberg gehörten, Möglin ebenso benachbart, Frankenfelde, Rädikow, Marienberg und Alt- sowie Neubliesdorf.

Kunersdorf, seit 1803 Eigentum von Peter Alexander Graf von Itzenplitz und seiner Frau Henriette Charlotte, war der Musensitz, auf dem neben Thaer die Bildhauer Tieck, Schadow und Rauch, Friedrich Nicolai, die Gebrüder Humboldt, der Freiherr vom und zum Stein und Friedrich Karl von Savigny verkehrten. Auf den Friedländischen Gütern, die zum Besitztum der Itzenplitz gehörten, betrieb man ebenfalls die Koppelwirtschaft.

Als Thaer, in Celle am 14. Mai 1752 geboren, als reifer Mann im Alter von 52 Jahren nach Möglin kam, hatte er sich in seiner Heimatstadt bereits durch das Bewirtschaften eines durch Zukauf ständig vergrößerten Hofes und unter allmählicher Abwendung von seinem studierten Beruf eines kurfürstlich hannoverschen und königlich englischen Hofmedicus in Celle sowie durch seine Publikationstätigkeit einen weit verbreiteten Ruf als Reformator in Fragen der Landwirtschaft erworben. Zuvor hatte der 1774 an der Göttinger Universität promovierte Mediziner, mit einer Empfehlung von Gotthold Ephraim Lessing aus dem benachbarten Wolfenbüttel versehen, auf einer Bildungsreise 1776 Berlin besucht und eine Reihe von Kontakten zu den Aufklärern der Residenzstadt, auch zu Friedrich Nicolai, hergestellt. Obgleich er in Celle seit 1784 Mitglied des engeren Ausschusses der königlichen Landwirtschaftsgesellschaft war, leitete erst der Erwerb

Hand-Drillmaschine
Exstirpator

Die Auswirkungen, die Thaer mit seinen auch bebilderten Veröffentlichungen über den Einsatz verbesserter landwirtschaftlicher Geräte schon im frühen 19. Jahrhundert bewirkt hatte, galten bis in sein Alter als vorbildhaft. Noch das ihm zu Ehren 1824 von der Königlichen Porzellanmanufaktur in Berlin angefertigte Tafelgeschirr gab in seinen Dekorationsmalereien insgesamt 24 Darstellungen von zum Teil durch Thaer verbesserten „Ackerwerkzeugen" wieder.

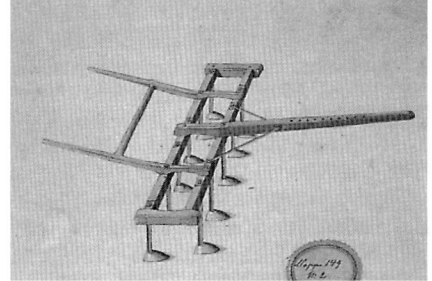

eines vor den Toren der Stadt gelegenen Landhauses nach seiner Eheschließung im Jahre 1786 den endgültigen Übergang in eine gärtnerische und dann landwirtschaftliche Praxis ein. Die Anfänge dieser Beschäftigung zunächst durch das Beobachten von Naturphänomenen werden sich kaum von den zeitgleichen Studien gebildeter Bürger der Aufklärung unterschieden haben. Das anfängliche Variieren und Kreuzen von Blumen, besonders von Nelken und Aurikeln, ging in den Anbau von Gemüse über, der seinerseits von der Bewirtschaftung von 110 Morgen Ackerland und 18 Morgen Wiese abgelöst wurde. Folge ständig wachsender Erfahrung war die Erkenntnis, dass ausschließlich die Fruchtfolge die Voraussetzung für die ständige Regeneration des Bodens bildete. Er erkannte auch, dass die vorgefundene Bodenqualität die Art des Anbaus zu bestimmen habe. Das besondere Augenmerk Thaers galt dabei dem Kartoffelanbau. Er weckte schon in diesen Anfängen die Neugier der Landwirte aus der engeren und weiteren Umgebung Celles.

Neben die Praxis trat die wissenschaftliche Publikationstätigkeit, beginnend 1791 mit seiner Schrift „Unterricht über den Kleebau und die Stallfütterung für den lüneburgischen Landwirth". Den eigentlichen Durchbruch erzielte er 1798 mit seiner „Einleitung zur Kenntniß der englischen Landwirtschaft". In deren Einleitung schrieb Thaer, Erfahrung und Empirie zur Grundhaltung einer praktischen Vernunft erhebend: „Eine absolute Richtigkeit und Wahrheit ist vielleicht in keiner Erfahrungswissenschaft möglich, wenigstens nie erweislich. Solange sich aber alle Erscheinungen in ihr auflösen und

Bestellung des Ackers mit Pferdehacke und Hand-Drillmaschine

Ludwig Wilhelm Wichmann.
Büste Albrecht Daniel Thaers,
um 1824

Die Büste porträtierte Thaer im
hohen Alter und charakterisierte
ihn mit der Art der Gewandung
nicht in einem Zeitkostüm,
sondern eher in einem überzeitlichen Verständnis. Die Büste vermied ebenso einen axialen Aufbau: Thaer blickt vom Betrachter
weg in die Ferne.

systematisch aneinander ketten lassen, hat sie relative Wahrheit für uns und erfüllet unseren Zweck, Einheit in die Mannigfaltigkeit unserer Erfahrungen zu bringen. Der Instinkt des Menschen überhaupt ist: Nach Vernunft handeln." Thaer war unverkennbar ein Zeitgenosse der Aufklärung. 1799 begann er mit der Herausgabe der „Annalen der niedersächsischen Landwirthschaft", legte 1800 eine Bearbeitung von Bergens „Anleitung zur Viehzucht mit Zusätzen und Berichtigungen" vor, verfasste 1803 eine „Beschreibung der nutzbarsten neuen Ackergeräthe" und übersetzte Benjamin Bells „Essays on agriculture". Sein wissenschaftliches Interesse umfasste somit nahezu die gesamte Bandbreite der Landwirtschaft. 1802 eröffnete er in Celle sein Landwirtschaftliches Lehrinstitut als erste eigenständige und hochschulähnliche landwirtschaftliche Ausbildungsstätte.

Um mit staatlicher Hilfe die landwirtschaftliche Praxis real auf einem Gut vergrößern und gleichzeitig eine Lehrtätigkeit an einer Universität aufnehmen zu können, erwog Thaer, die Domäne Wehnde bei Göttingen zu pachten, wo ihm die Universität eine Lehrtätigkeit ermöglicht hätte, doch machte die Besetzung des Landes durch die napoleonischen Truppen als Folge des Krieges zwischen England und Frankreich diesem Vorhaben ein Ende. Seit seiner Göttinger Studienzeit war Thaer mit dem Freiherrn von Hardenberg befreundet, der ihn in dieser Lage völliger politischer Unsicherheit im Hannoverschen zur Übersiedlung nach Preußen ermunterte. Mit königlichem Dekret vom 19. März 1804 wurde Thaer zum königlich preußischen Geheimrat und zum Mitglied der Physikalischen Abteilung der Akademie der Wissenschaften in Berlin ernannt sowie zur Gründung eines landwirtschaftlichen Lehrinstitutes in Preußen ermächtigt.

Die nachfolgende Besetzung Preußens durch Napoleon erschwerte die Einrichtung der Gutswirtschaft in Möglin erheblich, doch erging schon 1808 die erste Aufforderung an die Landwirte zu einer Versammlung dort. Es folgte die Ernennung zum ordentlichen Staatsrat im Ministerium des Innern mit der Teilnahme an der Agrargesetzgebung, zu der auch die Beseitigung der Erbuntertänigkeit und die freie Verfügbarkeit der Bauern über ihren Grundbesitz gehörte. Der Anteil Thaers bestand in der Beschäftigung mit Fragen der Flurbereinigung als Vorarbeit für das preußische Landeskulturedikt. 1810 erhielt er eine Professur für Cameralwissenschaften an der gerade gegründeten Berliner Universität, so dass zum Betrieb seines Lehrinstitutes in Möglin während des Sommers im Winter die Lehrtätigkeit in Berlin trat. In Berlin lehrte Thaer über die Grundlagen der Agrarwissenschaft. Nach den Freiheitskriegen setzte er neben der Herausgabe seiner „Annalen des Ackerbaus" unter mehrfach verändertem Titel die wissenschaftliche Publikationstätigkeit fort: Von 1809 bis 1812 veröffentlichte er sein Hauptwerk „Grundsätze der rationellen Landwirthschaft". Es schlossen sich an: „Versuch der Ausmittelung des Reinertrags der Grundstücke" und „Ueber die sich fortpflanzenden Abarten der cultivirten Pflanzen" von 1813 sowie „Gegenwärtiger Standpunkt der Theorie über den Ertrag und die Erschöpfung der Ernten im Verhältniß zum Reichthum des Bodens" sowie der „Leitfaden zur allgemeinen landwirthschaftlichen Gewerbelehre" von 1815. Theoretischer Ansatz war: „Die Landwirtschaft ist ein Gewerbe. Der Zweck der Landwirtschaft ist also nicht, die möglichst höchste Produktion aus dem Boden zu erzielen, sondern den möglichst höchsten Gewinn daraus zu erhalten." Als Folgerung hatte sich somit einzustellen, „daß die Kunst, richtig zu berechnen, für den Landwirt ebenso wichtig ist als die Kunst, den Acker zu bestellen."

Die Schrift von 1816 „Die Abarten der Merinoschafe, ihre Entstehung und Vervollkommnung" belegte die Tätigkeit als Schafzüchter. Bis 1814 hatte Thaer zusammen mit Johann Gottlieb Koppe, den er

1811 zum Lehrbetrieb des Mögeliner Instituts herangezogen und dem er die Leitung seines Mustergutes übertragen hatte, die Stammschäferei Möglin aufgebaut und 1816 die königliche Stammschäferei im benachbarten Frankenfelde eingerichtet.

Inzwischen mehr als sechzig Jahre alt schied Thaer 1817 aus dem Staatsrat aus und zog sich 1819 auch aus seiner Lehrtätigkeit an der Universität zurück. Sein 1824 gefeiertes goldenes Doktorjubiläum brachte ihm zu seinen Lebzeiten mit einer Feier in Bad Freienwalde die letzte hohe Anerkennung der deutschen Landwirte, bei der ihm ein großes von der Berliner königlichen Porzellanmanufaktur angefertigtes Tafelgeschirr mit Motiven aus der Landwirtschaft überreicht wurde. Als Zeichen der Ehrung entstand 1824 durch den Bildhauer Karl Wichmann auch die Büste Thaers. Nach einem Krankenlager im Winter 1827–1828 verstarb Thaer am 26. Oktober 1828 in Möglin und wurde zwischen der Dorfkirche und dem Teich des Gutsgartens beigesetzt.

Thaer war in Deutschland bis in die Mitte des 19. Jahrhunderts nicht nur unumstrittene wissenschaftliche Autorität, sondern wurde auch in seiner überragenden Bedeutung als „Vater Thaer" verehrt. Er erhob die bis dahin ausschließlich empirische Landwirtschaftslehre in den Rang einer exakt anwendbaren technologischen Wissenschaftsdisziplin.

Christian Peter Wilhelm Beuth

Beuth, am 28. Dezember 1781 in Kleve geboren, gehörte bereits einer jüngeren Generation an als der 1752 geborene und nahezu 30 Jahre ältere Thaer. Trotzdem verband beide auf ihrem Berufsweg, dass sie durch Hardenberg in ihre Stellungen gebracht wurden, aus der heraus sie ihr Reformwerk vollenden oder einleiten konnten.

Beuth trat nach dem 1798 in Halle aufgenommenen Studium der Rechts- und Kameralwissenschaften 1801 in den preußischen Staatsdienst ein und durchlief bei der kurmärkischen Kammer sowie im Manufaktur- und Commerzkollegium sein Referendariat, ab 1806 war er Kammerassessor in Bayreuth, bis sich die Ernennung zum Regierungsrat in Potsdam anschloss. Mit der Berufung Hardenbergs zum Staatskanzler am 6. Juli 1810 wurde Beuth in die am 22. Juni 1810 konstituierte Immediatkommission für die neuen Grundgesetze berufen. Hardenberg war unbedingter Anhänger der Lehren Adam Smiths. Das „Edict den erleichterten Besitz und den freien Gebrauch des Grund-Eigenthums, so wie persönlichen Verhältnisse der Land-Bewohner betreffend" vom 9. Oktober 1807 verfügte in seiner Präambel, „daß es eben sowohl den unerläßlichen Forderungen der Gerechtigkeit, als den Grundsätzen einer wohlgeordneten Staatswirtschaft gemäß sei, Alles zu entfernen, was den Einzelnen bisher hinderte, den Wohlstand zu erlangen, den er nach dem Maas seiner Kräfte zu erreichen fähig war." Der „Wert der Arbeit" solle nicht gehemmt werden.

Entscheidend wurde ein Jahr später das Überwechseln Beuths als Obersteuerrat in das Finanzministerium. Die Teilnahme an den Befreiungskriegen gegen Napoleon 1813–1814 beförderte möglicherweise sogar seine Laufbahn, obgleich seine Tätigkeit im Ministerium unterbrochen wurde, denn noch 1814 kehrte Beuth, jetzt bereits als Geheimer Oberfinanzrat, in die Abteilung Handel und Gewerbe des Finanzministeriums zurück, wechselte 1817 mit seiner Zuständigkeit zum neu gebildeten Handelsministerium und wurde dort 1818 Leiter der Abteilung für Handel und Gewerbe. Noch 1814 regte Beuth die Gründung von Musterbetrieben der Brüder Cockerill in Berlin, Cottbus, Grünberg und Guben an – als Lützowscher Jäger hatte er im gleichen Jahr bei den Brüdern in Lüttich im Quartier gelegen. Nach Auflösung des Handelsministeriums 1825 ging die Zuständigkeit auf das Ministerium des Innern über. In der „Ersten Abteilung" gehörte er dort unter der Leitung des Oberlandesbaudirektors Eytelwein neben vier anderen Beamten dem Referat „Für die Handels- und Gewerbe-, desgleichen für die Bau-Angelegenheiten" an. Der Geheime Oberregierungsrat Thaer war gleichzeitig Mitglied des Referates „Für die innere Verwaltung". Im Innenministerium wurde Beuth 1830 als Wirklicher Geheimer Oberregierungsrat Direktor der Abteilung für Handel, Gewerbe und Bauwesen und in dieser Zuständigkeit auch Direktor der Bauakademie.

Neben seinem Aufstieg als Ministerialbeamter entfaltete Beuth eine weit reichende öffentliche Wirksamkeit. Am 21. Juli 1819 ernannte der König Beuth zum Direktor der „Technischen Deputation für Handel und Gewerbe". Die bereits während der Steinschen Reformen ins Leben gerufene Einrichtung krankte unter mehrfachen Unzulänglichkeiten, die Beuth mit einem Gutachten am 24. Januar 1818 dargestellt hatte. Beuth erweckte die Deputation mit neuem Leben: Er regte die Unternehmer zu Eigeninitiativen an, ermöglichte jungen Technikern Auslandsaufenthalte, ließ Ausstellungen durchführen, Erfindungen auf ihre Neuheit vorprüfen und entwickelte ein Patentwesen, das durch die Befristung von Patenten auf fünf Jahre sowohl dem Interesse der Patentinhaber als auch dem nach allgemeiner Auswertung gerecht wurde. Die Deputation veröffentlichte – in Zusammenarbeit mit Schinkel – als besonders beispielhaft wirkend die „Vorbilder für Fabrikanten und Handwerker" und legte sich neben einer Bibliothek eine umfangreiche Sammlung von Modellen und Maschinen zu.

In seinem Vorwort zu den „Vorbildern" äußerte sich Beuth: „So wie höhere Vollkommenheit der Ware überhaupt, bei gleichen Preisen den Absatz sichert, so bewirkt ihn derjenige Teil derselben, der aus der Form entspringt und der Ware den höchsten Reiz gibt, in einem hohen Maße. Wer die tüchtigste und zugleich die schönste Ware liefert, darf auf sicheren, bleibenden Absatz rechnen, wie auch die Unkunde, Mode und Roheit der Käufer ihren Einfluß auf die Ware beim Kauf üben mögen."[46] Auf die Befreiung von dirigierenden staatlichen Vorschriften hatte der Hersteller mit Qualität und Schönheit der von ihm angebotenen Ware zu reagieren. Beuths Wahlspruch wurde: „Der Gewerbefleiß ist die Grundlage der Nationalkraft."

Als Beuth um 1820 sein in die Öffentlichkeit gerichtetes Wirken begann, hatte Thaer sein Reformwerk in den Jahren nach 1810 bereits eingeleitet.

Zwei Jahre später gründete Beuth 1821 als Zusammenschluss der Unternehmer, Techniker und sachbefassten Beamten den „Verein zur Beförderung des Gewerbefleißes in Preußen" mit dem Ziel unternehmerischer Selbsthilfe, aber auch der Interessenvertretung

Christian Peter Wilhelm Beuth. Beschreibung einer Kaffeekanne, 1822

„Will man nun Kaffee machen, so verfährt man wie folgt: Man gießt durch den Trichter O. so lange Wasser in das Rohr B., bis man es im offenen Rohr C. heraufsteigen sieht. Hierauf legt man das Sieb K. und den Ring mit der Leinwand ein, schüttet Kaffeepulver darauf, indem man das Maas soviel mal, als die Kaffeekanne Tassen enthält, ..., und bedeckt ihn mit dem Siebe M. / Hierauf wird das kleine Rohr D. aufgesetzt, so, dass es fest auf der Röhre B. sitzt, und der Pfropf die Röhre C. verschließt; der Deckel c. wird verschlossen, und die Kaffeekanne auf eine Weingeistlampe gesetzt. Nach 6 Minuten lässt sich das Pfeifen an der Mündung des kleinen Rohrs D. hören ... . Man nimmt, sobald sich das Pfeifen hat hören lassen, den Kaffee vom Feuer, und das Filtrieren ist gleich darauf beendet."

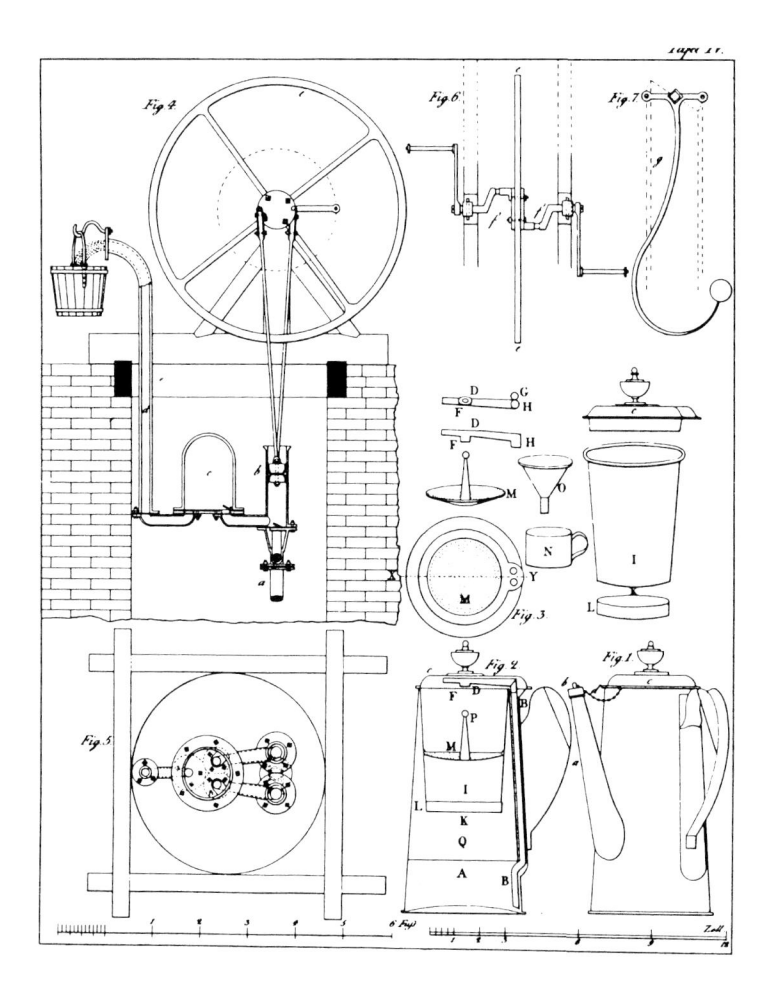

gegenüber den Behörden. Die Selbstorganisation des Gewerbestandes und damit seine Lösung vom merkantilistisch staatlichen Dirigismus des 18. Jahrhunderts hatte jetzt einen Ausdruck gefunden. Seit 1822 begann der Verein damit, die Reihe seiner „Verhandlungen des Vereins zur Beförderung des Gewerbefleißes" zu veröffentlichen. Und 1822 fand auch die erste „Ausstellung vaterländischer Gewerbeerzeugnisse" im Gewerbehaus in der Klosterstraße statt. Das Jahr 1821 bildete die Anerkennung für die Wirksamkeit Beuths, denn in diesem Jahr wurde er auch Mitglied des Staatsrates.

In den „Verhandlungen" kam es zur Beschreibung und Illustrierung von Projekten und technischen Neuerungen. 1822 lieferte Beuth nach dem Beispiel des Pariser Klempners Laurens die „Beschreibung einer Kaffeekanne", wobei sich hinter der Überschrift die durch eine Konstruktionszeichnung erläuterte Darstellung einer Kaffeemaschine verbarg. „Diese Kaffeekanne hat vor andern den Vorzug, daß man sich, nachdem sie mit Kaffee und Wasser gefüllt worden ist, nicht mehr um dieselbe zu kümmern braucht, bis sie von selbst pfeift, und dadurch anzeigt, daß der Kaffee fertig ist, der übrigens, nach dieser Methode bereitet, vorzüglich gut geräth."[47] Noch 1830 trug Beuth einen Beitrag „Ueber Dampfbürstmaschinen im Allgemeinen, und über die Dampfbürstmaschine von Jones, in Leeds" bei.

Ebenfalls 1821 wurde mit Beuth als ihrem ersten Direktor die Technische Gewerbeschule in der Klosterstraße gegründet, in der Zivilingenieure für den Maschinenbau ausgebildet wurden. Dieses Haus des Gewerbeinstituts wurde ebenfalls zum Sitz für die Technische Deputation wie für den „Verein zur Beförderung des Gewerbefleißes".

Das erfolgreiche Eintreten Beuths für die Beförderung des Gewerbefleißes sowie die mit ihr verbundene Aus- und Weiterbildung brachte dem inzwischen fast 50jährigen 1830 noch die Leitung der Allgemeinen Bauschule ein, die er bei seinem Dienstantritt nach dem Muster des Gewerbeinstitutes gründlich reorganisierte.

Sein letzter großer Erfolg war die 1844 im Zeughaus durchgeführte Gewerbeausstellung aller Mitgliedsstaaten des Deutschen Zollvereins, doch begann sein Einfluss bereits zu schwinden, hatte sich die gewerblich industrielle Entwicklung doch in der Zwischenzeit von den anfänglichen Beförderungen durch Beuth gelöst. 1845 zog sich Beuth verbittert aus allen seinen Ämtern zurück, er blieb lediglich Mitglied des Staatsrates und Vorsitzender des „Vereins". Dieser Schritt in einen neuen Lebensabschnitt gab Rauch die Veranlassung, die Büste Beuths zu modellieren. Unter dem 28. April 1846 vermerkte der Bildhauer in seinem Tagebuch. „Das Modell der Büste des Freundes Geh. Rath. Beuth angefangen, welches die Schüler des Gewerbe-Institutes in Bronzeguß als dankbares Andenken an denselben stiften wollen."[48] Bereits zu Lebzeiten ehrten die Schüler ihren Lehrer mit einer Büste.

Christian Daniel Rauch. Büste Christian Peter Wilhelm Beuths, 1846

Die Büste entstand aus Anlass des fünfundsechzigsten Geburtstags von Beuth. Sie diente später als Vorlage sowohl für den Kopf der Denkmalsfigur als auch für das Porträtrelief auf der Grabstele. Ähnlich wie die ein Vierteljahrhundert zuvor entstandene Goethe-Büste schilderte Rauch den zu ehrenden Beuth im Alter, aber doch mit merklich idealisierender Überhöhung.

81

Karl Friedrich Schinkel

„Wenn Goethe der Dichter der neueren Zeit und Cornelius ihr Maler gewesen ist (mögen diejenigen freundlich das Wort 'Maler' gestatten, die sich ohne das Kolorit Tizians keinen Maler zu denken imstande sind), – so formulierte Hermann Grimm 1867 ein Jahr vor der Enthüllung des Schinkel-Denkmals in einem Essay über den Baumeister – so muß Schinkel als der Architekt des neueren Deutschlands ebenbürtig ihnen beiden zugesellt werden."[49] Ein höherer Rang konnte einem Architekten kaum zugewiesen werden – und das zu einem Zeitpunkt, als sich kurz vor der Reichsgründung und 30 Jahre nach seinem Tode der Einfluss Schinkels dem Ende zuneigte.

Der mit Beuth gleichaltrige und befreundete Schinkel, am 13. März 1781 in Neuruppin geboren, durchlief in den Anfängen zeitgleich mit Beuth eine nahezu übereinstimmende Beamtenlaufbahn: Mit der Zuständigkeit für das „ästhetische Fach" erfolgte 1810 die Ernennung zum Oberbau-Assessor in der Technischen Oberbaudeputation, 1811 schlossen sich die Berufung zum ordentlichen Mitglied der Akademie

Karl Friedrich Schinkel. Zwei Entwürfe für Wanddekorationen, 1820

rechte Seite:

Entwurf für Wanddekoration, 1820

Die als Kupferstiche vervielfältigten Vorlageblätter wurden innerhalb der preußischen Monarchie kostenlos verteilt. Empfänger waren Behörden, Schulen und Bibliotheken sowie Künstler und Handwerker. Die Blätter gaben – in Abhängigkeit von der Ausbildung des jeweiligen Gesimsabschlusses – in unterschiedlichen Schwierigkeitsgraden Anregungen für die dekorative Malerei.

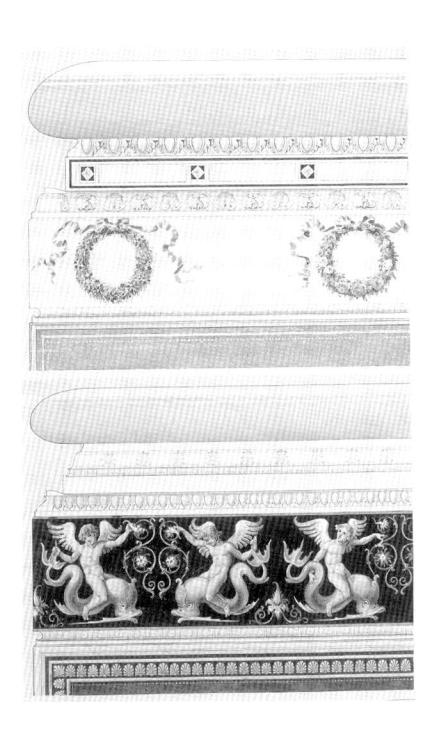

der Künste und am 12. März 1815 die Ernennung zum Geheimen Oberbaurat an. Zu Beginn der Freiheitskriege hatte sich Schinkel 1813 zum Landsturm gemeldet, war aber nicht ins Feld gerückt.
1816 begann mit dem Neubau der Neuen Wache gegenüber dem königlichen Palais Unter den Linden sowie mit dem Umbau des Berliner Doms sein als Staatsarchitekt gebautes Werk, während ihn bis dahin zeitbedingt nur Entwurfsaufgaben in Zusammenhang mit dem Ende der Freiheitskriege beschäftigt hatten: Entwurf des Eisernen Kreuzes, Entwurf der festlichen Dekoration der Straße Unter den Linden für den Einzug der Garden, Entwurf des Siegeszeichens für die Viktoria auf dem Brandenburger Tor sowie das Projekt eines Freiheitsdoms. Sonst bestand seine Arbeit aus dem Verfertigen einer Vielzahl von Gutachten besonders zum baulichen Zustand älterer Bauwerke und dem Anfertigen von Gemälden und Bühnendekorationen. Mit dem 1814 vorgelegten Plan zur Verschönerung des Großen Tiergartens und der 1817 unterbreiteten Konzeption zur städtebaulichen Umgestaltung der Stadtmitte von Berlin griff er weit über den einzelnen Prachtbau hinaus und setzte sich mit dem Gestalten von großen räumlichen Zusammenhängen auseinander. Seine Gemälde „Erntefestzug" und „Felslandschaft" erschlossen ihm als Maler mit Hardenberg und Gneisenau 1815 eine hoch gestellte Klientel. Bei ständiger Auseinandersetzung mit König und Kronprinz über seine Entwürfe befestigten der Neubau des Schauspielhauses auf dem Gendarmenmarkt nach 1817 und die Errichtung des Nationaldenkmals auf dem Kreuzberg endgültig den Ruhm des Architekten Schinkel, der 1810 schon in Anerkennung seines künstlerischen Talents in die Oberbaudeputation berufen worden war. Seit etwa 1820 eröffnete sich eine Fülle von Bauaufgaben auch außerhalb Berlins, die die langsam beginnende wirtschaftliche Erholung des Landes im Verlaufe der zwanziger Jahre anzuzeigen begann.
Im Jahr 1819 setzte mit der Mitarbeit an Beuths „Vorbildern für Fabrikanten und Handwerker" auch Schinkels Publikationstätigkeit ein; 1820 folgte das erste Heft seiner „Architektonischen Entwürfe", mit denen er – den Absichten Beuths zur Beförderung des Gewerbes durch Veröffentlichung von vorbildhaften Vorlagen vergleichbar – seine eigenen Bauten in die Öffentlichkeit brachte. Spätestens seit dieser Zeit beschäftigte sich Schinkel auch mit der Herausgabe eines architektonischen Lehrbuches, über das er oft mit Beuth sprach. In Zusammenhang mit den Reformbemühungen dieser Jahre sind auch die Schinkelschen Modellentwürfe für einen neuen Typus des Stadthauses Anfang der zwanziger Jahre zu verstehen, in denen die Funktionen eines in der Stadt gelegenen Geschäftshauses mit der Annehmlichkeit einer Villa vereinigt werden sollten, denn die zunehmende Gewerbetätigkeit gestattete es dem Geschäftsmann nicht mehr, wie noch im 18. Jahrhundert den Sommer außerhalb der Stadt zu verbringen.

Bei ständiger Arbeitsüberlastung sollte Schinkel eine unermessliche Fülle an Aufgaben und Tätigkeiten bewältigen, welche die Spannweite vom Entwurf großer und kleiner Bauten aller möglicher Gattungen, oft unter Einschluss ihrer Ausstattungen, von Platzanlagen sowie Denkmälern über Dienstreisen, Stellungnahmen, Gutachten, Beförderung von Veröffentlichungen bis hin zu weiterhin gefertigten Gemälden, Wandbildern und Bühnen- sowie Festdekorationen umfasste.

In der vom Oberlandesbaudirektor Eytelwein geleiteten, dem Ministerium des Innern nachgeordneten Oberbaudeputation war Schinkel während der zwanziger Jahren nur einer unter insgesamt sieben Geheimen Oberbauräten. Seine gesellschaftliche Stellung überstieg jedoch bei weitem seinen dienstlichen Rang, denn seine amtliche Zuständigkeit wie seine künstlerischen Fähigkeiten brachten ihm den unmittelbaren Verkehr mit dem Kronprinzen und den Prinzen des königlichen Hauses ein. Die Freundschaft mit Beuth führte dazu, dass Schinkel 1827 den Erweiterungsbau von dessen Gewerbeinstitut in der Klosterstraße entwarf und 1829 die Möbel für die im Institut untergebrachte Beuthsche Wohnung beisteuerte.

Im Jahre 1830 erreichte Schinkel den Zenit seiner Laufbahn: Am 16. Dezember 1830 wurde er als Nachfolger Eytelweins zum Geheimen Oberbaudirektor ernannt und übernahm damit die Direktion der Oberbaudeputation. Ein Zeichen besonderer Ehrung war voraufgegangen: Am 27. November 1830 erhielt die Schinkel-Büste Tiecks im Treppenhaus des Alten Museums ihren Platz. Planung, Entwurf und Bau der 1836 fertig gestellten Bauakademie gehörten zu dieser Lebensphase Schinkels als unbestrittener Autorität der Baukunst. Jetzt konnte er in dem neuen Gebäude endlich auch eine seinen Vorstellungen entsprechende Wohnung beziehen, die ihn aus der Enge einer Mietwohnung befreite. „..., und zum ersten Male ward es Schinkeln in seinem Leben so gut, ... sich täglich von Räumen umgeben zu sehen, welche auf ihn einen seiner würdigen, künstlerischen Eindruck machten. Er fühlte sich indeß schon damals körperlich sehr angegriffen und äußerte, als ich ihm meine Freude darüber [d. h. über die neue Wohnung] bezeigte, 'wer weiß, wie lange ich sie genießen werde'".[50]

Die Ernennung zum Oberlandesbaudirektor am 13. November 1838 schloss sich als nur noch äußeres Zeichen der Wertschätzung an. Am 9. Oktober 1841 ereilte Schinkel in seiner Wohnung in der Bauakademie nach einjährigem Siechtum der Tod. Und weit mehr als nur zum Zeichen der Anerkennung wurde jetzt, dass Friedrich Wilhelm IV. am 16. Januar 1842 den künstlerischen Nachlass Schinkels erwarb, um mit ihm in der Bauakademie ein Schinkel gewidmetes Museum einzurichten.

Ein Architekt vom Range Schinkels vollzog nicht nur künstlerische Entwicklungen mit großer Empfindsamkeit nach, sondern prägte und bestimmte sie auch. In Abhängigkeit von der Art der Bauaufgabe beherrschte er nicht nur den Formenapparat in der Bandbreite vom antiken Formenkanon bis zu der als vaterländisch gewerteten Hochgotik Kölner Herkunft, die Entwicklung führte ihn während seines Lebens vielmehr auch dazu, eine zunächst akademische Bindung durch einen dann freieren Umgang mit dem historischen Vorbild zu ersetzen – die Bauakademie sollte zum Musterbeispiel einer harmonischen Verbindung von Formenelementen unterschiedlicher Herkunft werden. Und schließlich verband sich mit diesem Bauwerk die Sinnstiftung des Backsteins als eines echten und zugleich vaterländischen Materials sowie die Empfänglichkeit für dessen ästhetische Erscheinung.

Neben den Neubau stellte Schinkel als gleichberechtigte Aufgabe immer Schutz und Pflege des vaterländischen Baudenkmals, so wie es ihm die Dienstinstruktion von 1809 auferlegte.

Karl Friedrich Schinkel. Entwürfe für Pokale, Leuchter und Friese für Metallarbeiten, 1820

Die Denkmäler Thaer, Beuth, Schinkel

Die Einweihung des Thaer-Denkmals geriet zu einem großen öffentlichen Ereignis, dem zwar alle Staatsminister, die Generalität und Admiralität sowie Vertreter der königlichen Ministerien, Universitäten und Akademien, aber weder der Prinzregent noch die Prinzen des königlichen Hauses beiwohnten. Die Teilnahme an einer Feier zur Würdigung eines Bürgerlichen schien immer noch nicht opportun. So lautete die Widmungsinschrift des Denkmals denn auch: DEM BEGRÜNDER DES WISSENSCHAFTLICHEN LANDBAUES DAS DANKBARE VATERLAND. Das Vaterland, nicht mehr der Monarch, ehrten die Verdienste von „Vater Thaer". Selbst an der Enthüllung des Beuth-Denkmals nahm der König im Jahr 1861 nur indirekt teil, indem er das Festkomitee wissen ließ, er werde der Feier von einem Fenster der Kommandantur aus beiwohnen. Der Kunsthistoriker Wilhelm Lübke charakterisierte unmittelbar nach der Einweihung das Thaer-Denkmal so: „Wir sehen in diesem ganzen Werke die feste Fortsetzung jener durch das langjährige Wirken Rauch's in der Berliner Plastik begründeten Tradition, die man als eine glückliche Verschmelzung des Idealen und des Natürlichen bezeichnen kann. Auf dieser Höhe des Stiles ist es denn auch möglich, Darstellungen allegorischer Fassung an demselben Monumente mit überwiegend realen Schilderungen aus alltäglichen Lebenskreisen zu verbinden."[51] Übertragen auf das Denkmal Thaers selbst folgerte Lübke: „Die Plastik kann in den meisten Fällen, wo es nicht etwa die Darstellung eines Mannes der blossen äusseren That gilt, in der Portraitstatue nur eine Andeutung der besonderen Art geistigen Wirkens geben. Um der individuellen Ausprägung solcher Thätigkeit im Bildwerk gerecht zu werden, bedarf sie der Reliefschilderung als Aushilfe."[52]. Während in der Gestalt Thaers somit dessen geistiges Wirken allgemein zum Ausdruck komme, sei die anschauliche Darstellung seiner praktischen Tätigkeiten als Reformator in die Schilderungen der Sockelreliefs verwiesen worden.

Das gesamte Denkmal besaß denn auch einen dreiteiligen Gesamtaufbau. Oberhalb von drei am Fuß des Denkmals angeordneten Stufen und über einem niedrigen Sockelquader folgten in zwei Zonen Reliefs, untereinander wiederum nicht nur durch ihre Abmessungen, sondern auch durch die Art ihrer Inhalte deutlich unterschieden.

Der untere Bilderstreifen schilderte in realistischer Erzählweise, aber komprimierter Form die Erfolge des Lehrers der Landwirtschaft sowie die Ehrung des alten Thaers. In der Hauptachse des

Denkmal Albrecht Daniel Thaers
auf dem Schinkelplatz
Standbild: Christian Daniel
Rauch, 1847-1857
Sockelreliefs: Hugo Hagen,
bis 1860

Mit seinem deutlich in zwei
Bildzonen aufgeteilten Sockel
sprach das Denkmal Thaers den
Betrachter unmittelbar an. Die
eher volkstümlich erzählenden
Bildstreifen erschlossen sich
etwa in Augenhöhe aus der
nahen Betrachtung am unmittelbarsten und erweckten deshalb
die Neugier. Dagegen waren die
oberen Tafeln, die die Lebensleistung Thaers in abstrakte Bilder übersetzten, schon im Wortsinn entrückter.

Denkmals erschien er wohl in jüngeren Jahren als Lehrer in der Mitte seiner Zuhörerschaft vor der auf dem Reliefhintergrund ausgebreiteten Kulisse von Möglin, die linke Seite des Denkmals gab die Kornernte mit einem Thaer in gestandenem Mannesalter in der Mittelachse der Relieftafel wieder, auf der rechten Seite kam die fast lyrische Szene einer Schafwäsche zur Anschauung und die Rückseite des Sockels würdigte als zentrale Gruppe den greisen Thaer mit seiner Ehefrau und seiner Familie, wie er von seiner Schülerschaft geehrt wurde. In die Schilderung einbezogen wurden auch „einige der Gönner, Freunde, Gehülfen und Schüler des verdienten Mannes", von Frau von Friedland über den Schäfer Grabert und den Schwiegersohn Körte bis hin zu von Treskow auf Friedrichsfelde.

Die obere Reliefzone verdichtete die Darstellungen zu allegorischen Aussagen: Zu Seiten des sitzenden Genius der Landwirtschaft Ceres, mit Ährenbündel und Sichel gekennzeichnet, erschienen zwei weitere Genien: der rechte mit einer Tafel, auf der die wichtigsten Schriften Thaers verzeichnet waren, der linke mit einer Schriftenrolle, auf der die Schriftsteller der Antike angeführt waren, die zur Landwirtschaft geschrieben hatten. Damit war der große Bogen der Geschichte gespannt, in den das Wirken Thaers einbezogen werden sollte – er war den großen Gestalten in der Geschichte der Landwirtschaft zuzurechnen.

Auf der rechten Seiten erschien Thaer noch als Arzt, gekennzeichnet durch Hygieia mit ihrem Stab, wie er sich – von der ihn erleuchtenden Philosophie geleitet – den durch eine Sphinx symbolisierten Rätseln der Natur nähert. Auf der linken Seite des Denkmals folgte der

Hugo Hagen nach Entwürfen von Rauch. Sockelreliefs des Thaer-Denkmals, bis 1860

links:
Thaer, die Landwirtschaft mit Hilfe der Wissenschaft unterweisend (oberes Relief)
Eine Kornernte (unteres Relief)

rechts:
Thaer wendet sich von der Arzneikunst ab und der Landwirtschaft zu (oberes Relief)
Eine Schafwäsche (unteres Relief)

in eine Toga gekleidete, die auf eine Sense gestützte Landwirtschaft belehrende Thaer, der sich dozierend auf die sitzende Gestalt der Wissenschaft bezog; den reichen Ertrag seines Wirkens demonstriert die in einer Wandnische im Hintergrund stehende Gestalt des Gemeinwohls mit ihren überquellenden Füllhörnern. Die Rückseite führte das erreichte Ziel vor Augen: eine florierende Landwirtschaft, begleitet von den Gestalten der Wissenschaft und der Industrie.

Die beiden Reliefzonen des Sockels hatten ebenso untereinander einen vertikalen Bezug, am sinnfälligsten erkennbar auf der Rückseite des Denkmals: Der greise Thaer wird nicht nur geehrt, das Ziel seiner rastlosen Tätigkeit ist mit der Darstellung der blühenden Landwirtschaft auch erreicht und damit sein Lebenswerk vollbracht. Und wahrscheinlich hatten die Reliefs zum Teil – besonders das obere der Rückseite mit der Darstellung der florierenden und von Wissenschaft und Industrie flankierten Landwirtschaft – einen dem zeitgenössischen Betrachter geläufigen Bezug, denn der Streit um die Aufstellung des Thaerschen Denkmals auf dem Schinkelplatz in Rivalität zu dem Beuths wird der Öffentlichkeit nicht verborgen geblieben sein.

Die Reliefs sollten, das Denkmal umwandernd, von der Stirnseite her erst rechts, dann links und schließlich von der Rückseite erfahren werden. Das ganze Denkmal war, beginnend mit dem Standbild, von oben nach unten und im anschließenden Umwandern zu lesen.

Das überlebensgroße Standbild selber galt sicherlich der Charakterisierung der Persönlichkeit des Reformators. Mit offenem Rock und leicht aufgeknöpfter Weste stützte sich Thaer in eher lockerer Körper-

Zeichnungen der Sockelreliefs des Thaer-Denkmals

links:
Frontseite des Denkmals:
Widmung des Denkmals (oben)
Thaer, praktischen Unterricht erteilend (unten)

rechts
Rückseite des Denkmals:
Die blühende Landwirtschaft stützt Wissenschaft und Industrie (oben)
Der gealterte Thaer wird im Kreise seiner Familie von seinen Schülern geehrt (unten)

Die vier Seiten des Sockels ließen sowohl in der Erzähl- und Darstellungsweise ihrer Reliefs als auch in deren Größenverhältnissen Unterschiede erkennen: Die Bildwiedergabe der unteren Reliefzone war auf eine populäre Wirkung angelegt. Gegen deren manchmal sogar poetischen Erzählfluss stand der klare axiale Bildaufbau der oberen Bildtafeln mit jeweils nur drei Figuren.

Denkmal Beuths auf dem Schinkelplatz, 1854-60
Standbild: August Kiss
Reliefs: Johann Friedrich Drake

Denkmal Beuths nach der Wiederaufstellung auf dem Schinkelplatz

Das auf der Wasserseite zum Kupfergraben hin aufgestellte Denkmal Beuths folgte nicht nur in seinem formalen Aufbau, sondern auch in der Art der Bildwiedergaben des Sockels dem im Jahr zuvor aufgestellten Denkmal Thaers. Ganz augenscheinlich war trotz aller Rivalität der die Denkmäler errichtenden Vereinigungen die Gestaltung beider Denkmäler zwischen den Bildhauern abgestimmt worden.

haltung mit vorgesetztem linken Bein auf sein Attribut, den Thaerschen Pflug, während die rechte Hand dozierend angewinkelt war und der Kopf knapp geneigt leicht nach rechts über die Hand hinweg blickte. „Thaer war von mittlerer Größe, fein und schlank gebaut, in allen Theilen von gutem Verhältniss, und von fester, ruhiger, immer bequemer Haltung und Bewegung. Sein Aeusseres war im Ganzen nichts weniger als imponirend, hatte jedoch etwas trocken Ablehnendes, so dass sich der Fremde nicht leicht auf den ersten Blick zu ihm hingezogen fühlte. Seine Züge zeigten nicht viel Beweglichkeit; der Mund war geschlossen, zurückgezogen, schweigsam, aber mit dem unverkennbaren Ausdruck der absichtslosesten Güte. Seine Augen waren rechte Künstleraugen, sehr bedeutend und von ungewöhnlicher Klarheit; dabei ruhig prüfend, man fühlte, dass er auch den verborgenen Fleck traf."[55] Der Bildhauer bemühte sich ganz offenkundig, diese Persönlichkeitsmerkmale zu treffen.

Das Beuth-Denkmal besaß vom Sockel bis zur Denkmalsfigur einen übereinstimmenden formalen Aufbau, ein deutliches Zeichen dafür, dass von dem Augenblick an, als der Schinkelplatz als Ort der Denk-

Johann Friedrich Drake. Sockelreliefs des Beuth-Denkmals

Die oberen Reliefs:
Handel und Industrie mit der Inschriftentafel
Die Wissenschaft lehrt die Industrie
Die Freundschaft zwischen Kunst und Industrie
Der Lichtbringer entlässt die Schüler auf den Weg des Lebens

nachfolgende Seite:

Die unteren Reliefs:
Das Gewerbeinstitut
Alexander v. Humboldt lehrt die Industrie
Kunst und Natur
Die Produktion

Trotz der Übereinstimmung im formalen Aufbau unterschieden sich die beiden Denkmäler in der künstlerischen Auffassung erheblich. Bei den allegorischen Reliefs trat an die Stelle einer am Thaerschen Denkmal ständig wiederholten und streng komponierten Dreiergruppierung die sehr viel lebhaftere Handlungsweise der Figuren, die besonders im Relief mit der Entlassung der Schüler auf den Weg des Lebens zum Ausdruck kam. Selbst bei aller Ähnlichkeit in der Figurenvielfalt der unteren Bildfolge, unterschieden sich auch diese auf gleiche Weise. Die Beuthschen Reliefs wurden lebhafter durchgebildet.

91

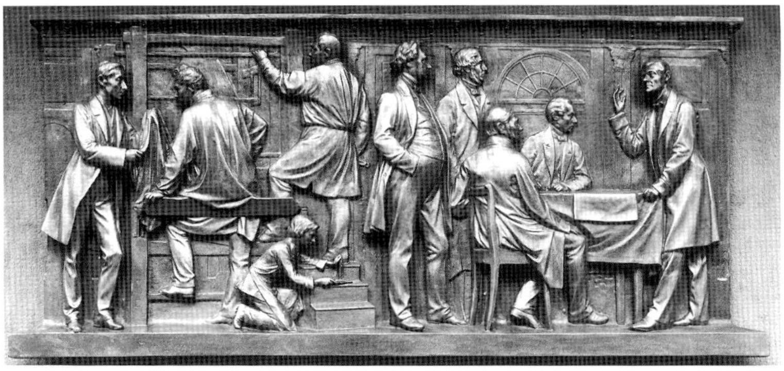

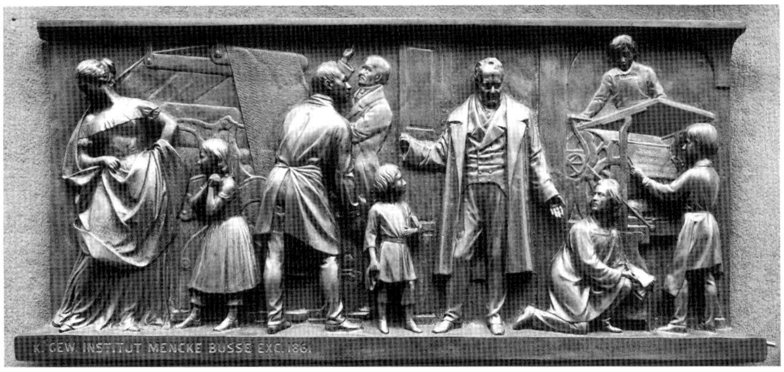
K. GEW. INSTITUT MENCKE BUSSE EXC. 1861

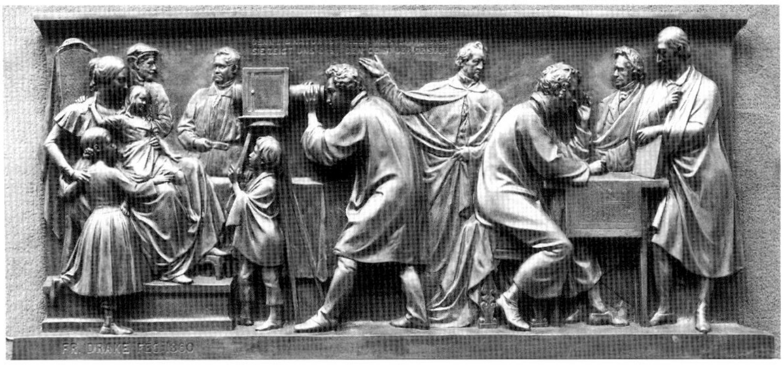
FR. DRAKE FEC 1860

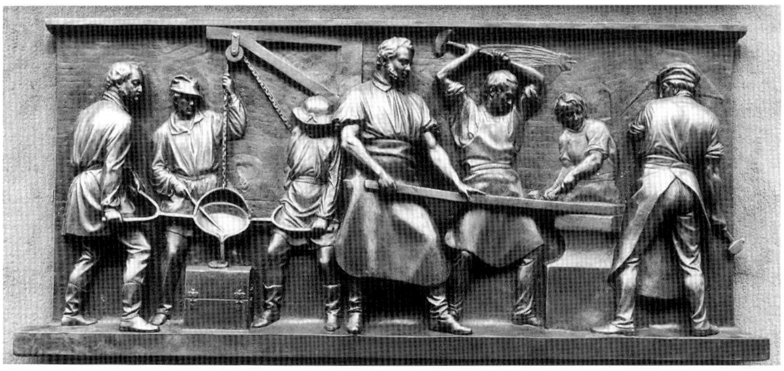

malssetzungen feststand, eine Abstimmung zwischen den beiden Denkmalkomitees und ihren Bildhauern stattgefunden hatte. Sogar die Art der inhaltlichen Aussagen der beiden Reliefzonen der Sockel stimmte überein: Die realistischen Szenen der unteren Bildfolge unterschieden sich auch beim Beuth-Denkmal von den allegorischen Aussagen der oberen Reliefzone. Selbst die Körperhaltungen von Thaer und Beuth waren spiegelbildlich auf eine Symmetrieachse ausgerichtet: Beuth stellte das rechte Bein vor, Thaer das linke, Beuth hatte den linken Arm angewinkelt, Thaer den rechten. Die Denkmäler sollten somit nicht im willkürlichen Nebeneinander aufgestellt werden.
Trotzdem bestanden bezeichnende Unterschiede. Die Widmungsinschrift des Beuth-Denkmals gab lediglich den Namen und die Lebensdaten des Geehrten wieder. Die Personifikationen der drei allegorischen Reliefs vermieden anders als bei Thaer, den im Jahr 1853 verstorbenen Beuth selbst verklärt erscheinen zu lassen. Und so trat nicht Beuth, sondern die Wissenschaft als Lehrerin der Industrie in Erscheinung und wurde die Verschwisterung von Kunst und Industrie demonstriert. Selbst die vierte Szene „Der Lichtbringer entläßt die Schüler auf den Weg des Lebens" vermied den direkten Bezug zur Person von Beuth.
Auch die unteren szenischen Schilderungen des Sockels rückten Beuth nicht in den Mittelpunkt. Das Relief „Das Gewerbeinstitut" bildete mit Gropius, Wedding, Stutzer, Brix, Nottebohm, von Pommer-Esche, Severin und Schubarth ein Kollegium von acht Beförderern des Gewerbefleißes ab. Das Relief „Alexander von Humboldt lehrt die Industrie" rückte mit Dannenberger und Hummel neben Humboldt zwei andere Persönlichkeiten in die Mitte. Das dritte Relief „Kunst und Natur" bildete Drake, Kiss – und damit die beiden Bildhauer des Beuth-Denkmals –, Daguerre, Goethe, Schinkel, Rauch und Eytelwein ab. Das letzte Relief „Die Produktion" ließ Wöhlert, Freund, Borsig und Egells auftreten. Wiederum im Unterschied zu den gleichartigen Szenen des Thaer-Denkmals bildeten sie in der Regel nicht die statuarische Mitte der Reliefs, Wöhlert und Freund führten mit einer Hilfskraft vielmehr selbst den Schmelztiegel mit dem flüssigen Metall und Borsig hielt den Rohling auf den Amboss, wobei Egells mit hoch geschwungenem schweren Vorschlaghammer schmiedete.
Nicht nur die künstlerische Komposition der bildlichen Darstellungen unterschied sich, sondern auch die Haltung, in der die beiden Denkmäler dann letztlich doch konzipiert wurden. Bei Thaer findet sich als Mittelpunkt tatsächlich die übergroße verklärte Vaterfigur, bei Beuth eine eher sachbezogene Kühle der Darstellungen, die selbst den Aufnahmeapparat für die junge Daguerrotypie bereits als darstellungswürdig erachtete. Anstelle allegorischer Verklausulierungen wies jetzt Goethe auf seine an die Rückwand des Reliefs geschriebene Widmung hin: DENN DIE NATUR IST ALLER MEISTER MEISTER, SIE ZEIGT UNS ERST DEN GEIST DER GEISTER.

Das Denkmal Karl Friedrich Schinkels nach der Wiederaufstellung auf dem Schinkelplatz

rechte Seite:

Johann Friedrich Drake. Denkmal Karl Friedrich Schinkels auf dem Schinkelplatz, 1860-1869

Das Schinkeldenkmal erhielt die mittlere Position zwischen den Denkmälern von Thaer und Beuth, zumal Schinkel als Architekt und Hausherr der Bauakademie diese Stellung gegenüber seinem Haus nicht verwehrt werden konnte. Diese Aufstellung trug schließlich auch dazu bei, die Denkmäler Thaers und Beuths in eine untereinander gleichrangige Position zu verweisen.

Mit dem Standbild selbst versuchte der Bildhauer Kiss kaum eine liebevolle Charakterisierung Beuths, wie sie Rauch bei Thaer gelungen war. Der Beförderer des Gewerbefleißes erscheint hier fast als Vergrößerung der älteren Statuette aus dem Jahr 1833 von Friedrich Drake in ungemein statuarischer Haltung – geradeaus blickend, den Rock zugeknöpft und in der bildhauerischen Ausbildung nur wenig verändert. Trotz der Spanne von zwei Jahrzehnten werden sowohl die Statuette als auch das Denkmal unabhängig voneinander die auf Distanz haltende Persönlichkeit Beuths zu kennzeichnen versucht haben. Das am 15. November 1869 enthüllte Schinkel-Denkmal Drakes wich in der Ausbildung des Sockels von den beiden anderen, auf Symmetriewirkung ausgelegten Denkmälern und damit auch in seiner ästhetischen Wirkung grundsätzlich ab. An den vier Ecken des Natursteinsockels traten lediglich die vier Allegorien der Wissenschaft, der Architektur, der Skulptur und der Malerei als Bildwerke in Erscheinung. Die Vorderfront des Sockels nahm ähnlich wie bei Beuth nur den Namenszug des Geehrten und seine Lebensdaten auf – es erschienen nun nicht einmal mehr Genien oder Allegorien, die die Tafel hielten, sondern es gab mit dem in den Sockel eingemeißelten Namenszug nur noch gewissermaßen eine einfache 'Sachmitteilung'. Es wurde auch darauf verzichtet, die vier Allegorien durch erzählende Darstellungen wie in den beiden älteren Denkmälern zu ergänzen, in abstrahierender Weise verkörperten diese hier die vier Grundlagen des Schinkelschen Künstlertums.

Auch die Gestalt Schinkels wurde weder wie Thaer durch Rauch liebevoll als lebensechte Persönlichkeit charakterisiert noch mit der eher kühle Distanz ausstrahlenden Wirkung der Persönlichkeit Beuths ausgestattet, die Art, wie Schinkel den Kopf mit Blick in die Ferne nach rechts wendete, wie er seinen Körper in eine Pelerine in der Art einer Toga einhüllte und wie sich das auf den rechten Oberschenkel aufgestützte und doch nur lässig gehaltene Reißbrett mit dem Grundriss des Alten Museums schirmend und gleichzeitig den Betrachter distanzierend vor den Körper stellte, entsprach eher der Präsentation eines bereits verewigten und zeitlosen Schinkel. Er wurde augenscheinlich so begriffen, wie ihn Hermann Grimm 1867 als den großen preußischen Baumeister darstellte – als Heros der nationalen deutschen Architektur. Selbst die Allegorien des Sockels strahlten in ihrer ausschließlichen Abstraktion eher Distanz aus als die erzählerische Vielfalt der szenischen Darstellungen auf den Sockeln der beiden anderen Denkmäler, die ganz selbstverständlich auf Nahbetrachtung durch den Beschauer ausgerichtet waren, selbst wenn dieser durch ein niedriges Gitter auf eine bestimmte Distanz gehalten wurde.

Bei Schinkel wurde mit dem Typus von Denkmälern gebrochen, wie er in Urheberschaft oder unter dem Einfluss von Rauch entstanden war und sich namentlich seit dem Blücher-Denkmal Unter den Linden entwickelt hatte.

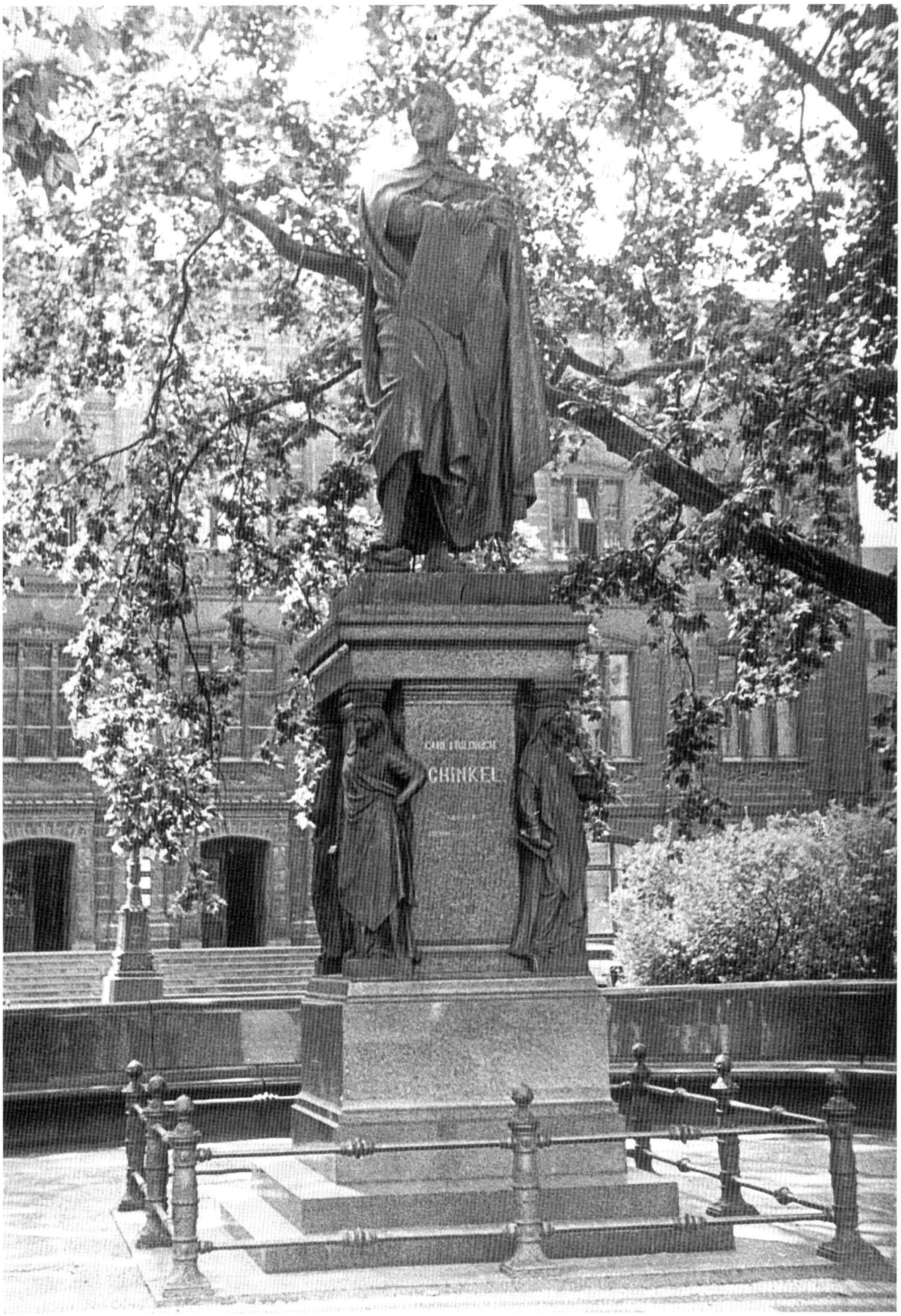

Die Bauakademie

Als die Denkmälergruppe in den sechziger Jahren nacheinander und damit 30 Jahre nach Vollendung des Bauwerks errichtet wurde, wurde der Bauakademie in der Öffentlichkeit, besonders der Fachöffentlichkeit, eine möglicherweise sogar gesteigerte Wertschätzung entgegengebracht. Denn wohl nicht zufällig würdigte Friedrich Adler in seiner Festrede auf Schinkel 1869 – ein Jahr nach Einweihung seines Denkmals – gerade dieses Werk des großen Meisters als dessen zukunftsweisende Leistung. Die Bauakademie erschien noch in den sechziger Jahren als uneingeschränkt modern.

Neu war möglicherweise auch zu diesem Zeitpunkt noch immer die Finanzierung eines solchen Bauwerks nicht über den Staatshaushalt, sondern „durch die Aufnahme eines größeren Baukapitals, welches der Miethsertrag einzurichtender Kaufläden allmählich amortisieren sollte".⁵⁴ Diese Art der Finanzierung war das Verdienst von Beuth, wie Waagen in seiner Schinkelrede von 1854 in Erinnerung rief: „Hauptsächlich muß ich das Gebäude der Bau-Akademie als die bedeutendste gemeinsame Schöpfung beider [d. h. von Schinkel und Beuth] hervorheben. Ohne Beuths practische Einsicht, ohne seine Energie in Herbeischaffung der bedeutenden Mittel wäre dieser Bau überhaupt nicht entstanden, ohne die Ausführung von Schinkel derselbe nie in so monumentaler Weise, in so feiner und edler Kunstform in die Wirklichkeit getreten."⁵⁵

Noch im Verständnis Friedrich Adlers war „Die Bauschule zu Berlin von C. F. Schinkel" 1869 der Schlüsselbau moderner Architektur und ein Bauwerk von „zwingender Originalität", „ein Schöpfungsbau des XIX. Jahrhunderts". „Deshalb erheben wir uns statt müßigen Streites über subjektive Empfindungen bei dem Zurückblicke auf einen fünfzigjährigen Zeitraum zu der gewichtigen Frage, welches seiner Werke hat sich nicht nur dauernde Anerkennung errungen, sondern welches hat bahnbrechend die moderne Baukunst zu höherer und zeitgemäßer Entwicklung gedrängt? / Unwillkürlich gleitet nach dieser bedeutsamen Frage unser Blick an griechischen Säulenhallen vorüber, an gewölbten Kuppeln des Römerthums, an gothischen Kirchen und florentinischen Palästen vorüber, aber er haftet mit dauerndem, mit steigendem Interesse an einem Bauwerke, dessen Größe nicht imponirt, dessen Form nicht besticht, und welches dennoch immer auf's Neue mit stiller Gewalt uns anzieht. / Dieses Bauwerk ist Schinkel's Bauschule."⁵⁶

Als die Allgemeine Bauschule noch im Entstehen begriffen war, wurde sie 1834 bereits in ihrer ästhetischen Wirkung gewürdigt. „Einem Marmor von röthlicher Farbe gleich, unübertrefflich durch den matten Glanz der Flächen und die Glätte, erscheinen uns die Ziegel an den vier Facaden des freistehenden Gebäudes."⁵⁷ Das mit der Bauakademie verfolgte Prinzip der Materialgerechtigkeit und die von ihr ausgehende Wirkung beeindruckten somit. Nur wenige Jahre später vertiefte Gustav Friedrich Waagen 1843 in seiner Schinkel-Biografie dieses Verständnis mit folgender Erläuterung: „In keinem andern Bau von ihm [d. h. von Schinkel] ist das Bestreben, den Schein mit dem Wesen zu vertauschen, und anstatt des, ein edleres Material nur nachahmenden Bewurfs [d. h. von Putz und Farbe] das vaterländische Material der gebrannten Steine zu verwenden, in dem Umfang, in der feinen Durchbildung, mit dem reichen Schmuck von Verzierungen und Skulpturen zur Ausbildung gekommen, als hier."⁵⁸ Die Bauakademie spiegele also anders als die sonst üblichen Putzbauten keinen falschen Schein mehr vor, sondern „das vaterländische Material der gebrannten Steine" gebe dessen „Wesen" – und damit auch den Charakter des Gebäudes – unmittelbar zu erkennen. Ganz augenscheinlich sollte auch neben der ästhetischen Wirkung des marmorähnlichen unverfälschten Baumaterials dessen „vaterländische"

Die Bauakademie Schinkels. Fotografie, 1886

Der Fotograf bildete die Bauakademie fast vom gleichen Standort ab, den auch Eduard Gärtner 1868 für sein Gemälde wählte. Aber während der Maler in der Komposition des Bildes seinen künstlerischen Vorstellungen folgen konnte, wurde die Bauakademie für den Fotografen zum 'roten Kasten', der selbst die Türme der Friedrichwerderschen Kirche zum Verschwinden brachte.

97

Eduard Gärtner. Die Bauakademie Schinkels, 1868

Die dem Schinkelplatz abgewendeten Fronten der Bauakademie zeigten beim Blick von der Brücke über den Kupfergraben her die im Erdgeschoss untergebrachten Läden. Zum Zeitpunkt der Entstehung des Gärtnerschen Gemäldes wurden deren Schaufenster abends mit einer dichten Folge von gläsernen Kugeln der Gasbeleuchtung illuminiert.

rechte Seite:

Karl Friedrich Schinkel. Grundriss des Erdgeschosses der Bauakademie, 1832

Der Rastergrundriss des Gebäudes erlaubte es, für jeden Laden zwei Gebäudeachsen mit einem in der Mitte des Raumes stehenden Pfeiler zusammenzufassen, so dass nahezu quadratische Verkaufsräume entstanden. Sie waren von außen in den beiden mittleren und in den beiden Außenachsen über drei Differenzstufen zu betreten. Die zum Schinkelplatz gerichteten Treppenhäuser in die Obergeschosse belegten mit der Breite ihrer Läufe deutliche Funktionsunterschiede. Das Rastersystem erlaubte es, bei besonderen funktionalen Erfordernissen vom strengen Grundrissgefüge abzuweichen.

Bedeutung und damit gleichsam auch dessen geschichtliche Tiefe zur Geltung kommen, denn die Ziegelbauweise führte im Zeitverständnis in die märkisch norddeutsche mittelalterliche Baukunst zurück. Damit war das Zeitverständnis der Bauakademie festgelegt, das bis über die Mitte des 19. Jahrhunderts fortwirken sollte.

Am 1. April 1836 wurde das Gebäude bezogen.

Die Nutzung der Bauakademie

Die Akademie betrat man vom Platz aus durch die beiden nebeneinander liegenden Portale, von denen jedes ein bestimmtes Stockwerk erschloss – das linke Portal die Akademie, das rechte die Oberbaudeputation. Im Erdgeschoss waren zwei Wohnungen untergebracht – die des Portiers und die des Kastellans. An der Seite zur Friedrichwerderschen Kirche hin lag die Räumlichkeit zum Aufbewahren von Abgüssen und Modellen der Akademie, zum Kupfergraben und zur Werderschen Straße hin nahmen insgesamt zwölf Kaufläden mit jeweils eigenem Eingang das Erdgeschoss ein. Die Akademie belegte mit

Erdgeschoss.

enthält:

Waarengewölbe zum vermiethen.

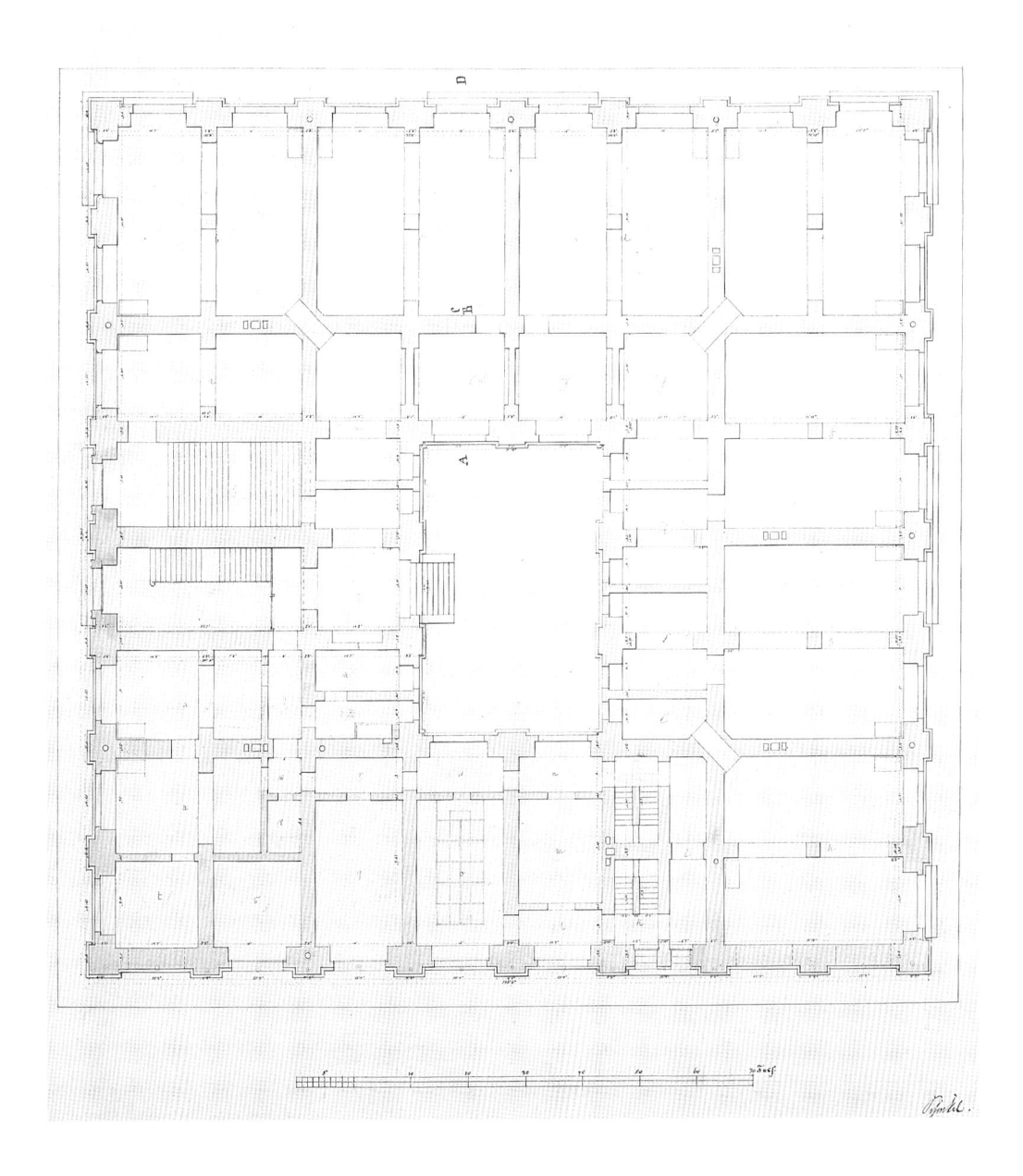

vier Hörsälen, dem Zeichensaal, der Bibliothek, dem Lesezimmer sowie dem Konferenz- und Versammlungszimmer der Lehrer das erste Obergeschoss. Die vier Hörsäle befanden sich auf der Südseite, der Zeichensaal belegte die Ostseite und die auch öffentlich zugängliche Bibliothek die Westseite. Das zweite Obergeschoss war der Oberbaudeputation mitsamt den Archivräumen und der Wohnung ihres Direktors einschließlich dessen persönliches Atelier und den Entwurfsbüros seiner direkten Mitarbeiter vorbehalten. Die Bibliothek benutzten Akademie und Oberbaudeputation gemeinsam. Das dritte Obergeschoss war Dachboden und als Aktenlager vorgesehen.

Die Gebäudekonstruktion

Der Entwurf des Bauwerks entstand unter den Bedingungen des schwierigen Baugrunds, den man hier anzutreffen glaubte. Als Grundlage für die Fundamentierung wählte Schinkel deshalb Punktfundamente, auf die über die in einem Raster angeordneten Pfeiler die Lastabtragung erfolgte, obwohl Bohrungen schließlich einen doch tragfähigen Untergrund aus einem grobkörnigen, sehr scharfen und reinen Sand nachgewiesen hatten. Mit der Wahl dieses statischen Systems, mit dem der Architekt bewusst von der üblichen Fundamentierung abwich, wollte man auch Setzungen vermeiden, zumindest auf sie während des Bauvorgangs besser reagieren können, als dies bei Streifenfundamenten allein der Fall gewesen wäre. Errichtet wurden folglich im Zuge der Baudurchführung zunächst die Vertikalen der Pfeiler und Mauerwerke und erst anschließend wurden die Fenster mit ihren Entlastungsbögen, Stürzen und Brüstungen eingefügt und die Decken und Gewölbe nacheinander eingebracht. Nachdem der Rohbau bis zur Höhe des Kranzgesimses ausgeführt worden war, wurden „die ganzen Fronten von oben herab fertig gemacht" und die gegen Setzungsrisse sowie Beschädigungen während des Baubetriebs besonders empfindlichen Terrakotten eingefügt. Die Rüstung verschwand im gleichen Maße, wie die Fertigstellung der Fassade von oben herab Fortschritte machte.

Das Rastersystem der Stützen war aber auch gewählt worden, um den sich ändernden Anforderungen aus dem Lehrbetrieb der Bauschule durch Verschieben von Teilungswänden Rechnung tragen zu können.

Der Grundwasserspiegel führte während der Fundamentierung zu einer besonderen Art der Wasserhaltung – zunächst durch die Sicherung der gesamten Baugrube mit einer starken Spundwand und dann zu ihrer beliebig möglichen Unterteilung in kleinere Einheiten durch zusätzliche schwächere Spundwände, die ein gezieltes punk-

rechte Seite:

Konstruktionsdetails zur Ausbildung der Mauerwerksanker

Das Mauerwerk wurde aus Vorsorge gegen befürchtete Senkungen während der Bauausführung zum Vermeiden von Mauerwerksrissen mit einem System von eisernen Ankern so untereinander verspannt, dass die zunächst hochgeführten vertikalen Mauerwerkspfeiler nachträglich durch das Einbringen der Fensterbögen und Brüstungen geschlossen werden konnten. Die vertikalen Mauerwerkspartien sollten sich erst gesetzt haben, ehe das Mauerwerk bis auf die Öffnungen geschlossen wurde.

tuelles und damit auch rationelles Absenken des Grundwassers möglich machten. Der Kellerboden selbst lag über dem mittleren Wasserstand. Zu den bautechnischen Fortschritten gehörte auch ein um das Haus umlaufender und noch unter dem Kellerfußboden ansetzender „Kanal", der das Durchfeuchten des Mauerwerks durch Erdfeuchte verhindern sollte. Diese Maßnahme war mit Rücksicht auf die verderblichen Waren der Kaufmannsläden und deren im Keller untergebrachten Warenlager besonders dringlich, obgleich diese Vorhaltung den Bau verteuerte.

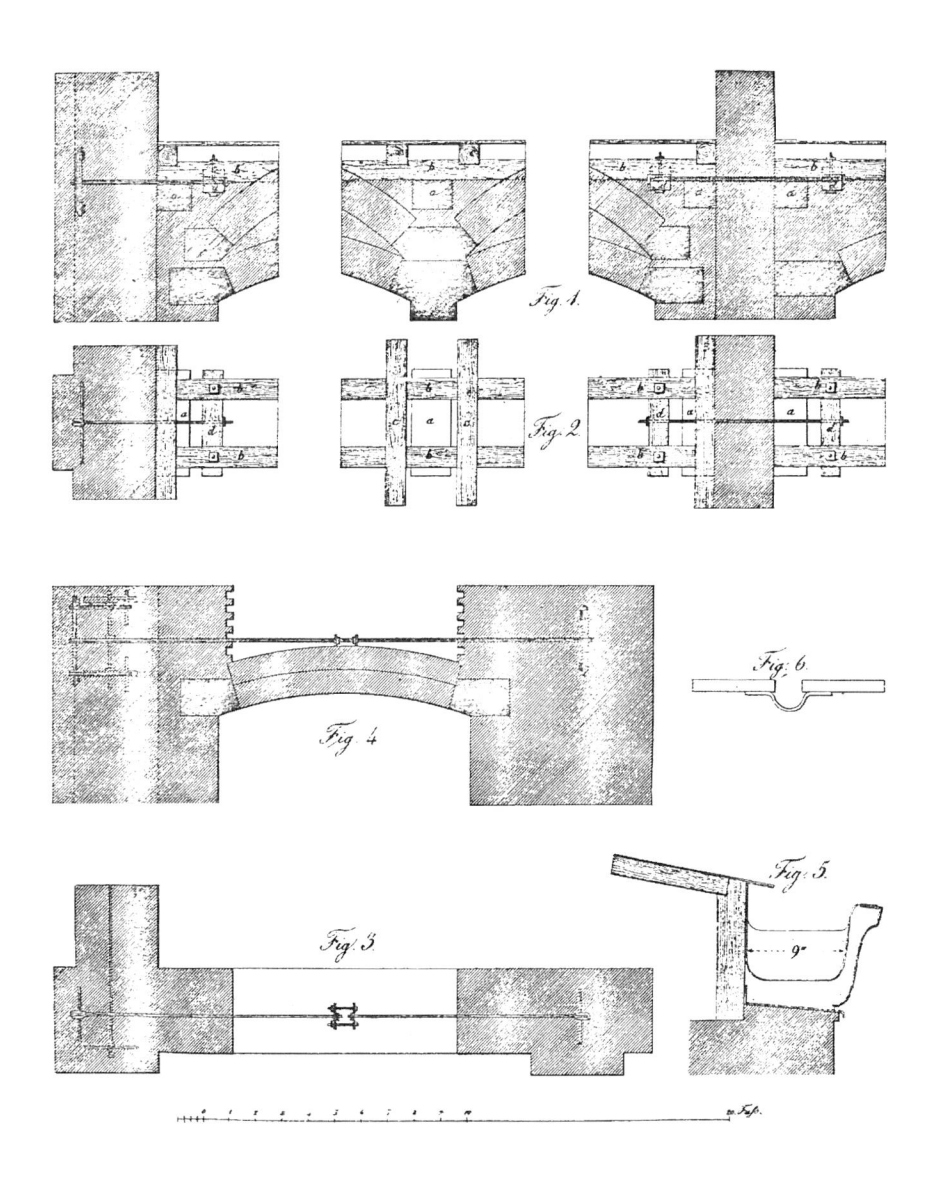

Um nicht nur das Reißen von Bögen, Stürzen und Decken während der befürchteten Setzung des Hauses im Zuge seiner Höherführung zu vermeiden, sondern gleichzeitig den nach der Schließung der Bögen entstehenden Horizontalschub aufzufangen, wurde oberhalb der Öffnungen und Gewölbe eine Halterung der vertikalen Pfeiler und Mauerabschnitte mit einem durchgängigen System eiserner Anker durchgeführt, weil planmäßig erst im dritten Baujahr mit dem Schließen der Öffnungen sowie dem Einfügen der Gewölbe und Fußböden begonnen werden sollte. Die Anker besaßen bereits Spannschlösser.

Die Dacheindeckung geschah mit Hilfe vorgefertigter, auf Holztafeln aufgezogener Zinkblechelemente.

Der Bau sollte nicht nur in technisch statischer Hinsicht ein Pionierprojekt sein, er hatte auch den praktischen Anwendungsbereich eines Ziegelbaus zu demonstrieren.

Das Bildprogramm der Bauakademie

Dieses technisch fortschrittliche Bauwerk sollte auf seinen Fassaden und mit dem Schmuck seiner beiden Portale auch eine Botschaft übermitteln.

Der in den Fensterbrüstungen im ersten Obergeschoss umlaufende und sich an jeder Fassadenfront wiederholende Fries war auf die Nutzung dieses Stockwerkes durch die Akademie bezogen. Die Relieftafeln schilderten in der Erläuterung Schinkels „verschiedene Momente aus der Entwicklungsgeschichte der Baukunst, aus deren Zerstörungsperioden und aus den verschiedenen werkthätigen Beschäftigungen derselben." Somit gab es zwei Arten von Aussagen – einmal die universelle Darstellung der Epochen der Baukunst mit deren Niedergängen und deren Wiederbelebungen und weiterhin eine Wiedergabe der einzelnen Zweige der Baukunst.

Die Unterweisung des Beschauers begann aber bereits mit den beiden Eingängen. Das linke Portal, das hauptsächlich zum Erreichen der im ersten Obergeschoss untergebrachten Bauschule benutzt wurde, wies auf den Entwicklungsgang der Kunst hin, der sich nach Hegel in drei Epochen vollzog – der mythischen, der klassischen und der romantischen, in den Reliefs von unten nach oben aufsteigend dargestellt, wobei die ägyptische Kunst im zweiten Feld auf der rechten Seite noch der mystischen Epoche angehörte, die überwiegend von der Pflanzenwelt der beiden unteren Reliefplatten versinnbildlicht wurde. Herkules als Verkörperung des dorischen Stils und die den ionischen und korinthischen Stil verkörpernden Mädchengestalten als Vertreter der klassischen Kunst leiteten zu zwei sich wiederum gegenüberliegenden Reliefs über: zur Erfindung des korinthischen Kapitells durch Kallimachos und zur Anwendung des Senkbleis durch einen weiblichen Genius, die wohl als Sinnbilder für Bauschmuck und Baukonstruktion zu den beiden Reliefplatten in den Zwickelfeldern überleiten sollten, in denen Amphion und Orpheus mit der Macht der Musik Steine zu Mauern aufrichteten – wohl als Ausdruck der Schöpferkraft des künstlerischen Ingeniums zu sehen. Geflügelte Genien fügten im Bogen des Portals das Gedankengebäude zusammen.

Das rechte Portal, dessen Treppenanlage bis in das zweite Obergeschoss und damit bis zur Oberbaudeputation und die Wohnung Schinkels reichte, war den Tugenden des Architekten gewidmet, die ihn schließlich – wie die beiden oberen Zwickelreliefs belegten – den Ruhmeskranz empfangen ließen. Die Tugenden selbst waren „himmlische Phantasie" und „irdischer Fleiß", dargestellt durch einen von einem Adler getragenen sowie einen Früchte einsammelnden Jüngling, ferner der auf schwankendem Boot bewiesene „Wage-

linke Seite:

Eduard Gärtner. Panorama von Berlin mit Bauakademie, 1854

Um besonders die empfindlichen Terrakotten gegen Setzungsrisse zu bewahren, wurden sie erst zum Schluss nach Fertigstellung des Mauerwerks vom oberen Hauptgeschoss ab nach unten eingefügt. Mit der Vollendung jedes Stockwerkes verschwand ebenso von oben nach unten das Baugerüst. Immer zum Schluss setzten die Bauhandwerker wohl die Füllungen in den Segmentbögen der Fenster ein. Gärtners Gemälde deutet diese Arbeitsweise an.

Fenster der beiden Hauptgeschosse der Bauakademie

Fenster im ersten Obergeschoss
Fenster im zweiten Obergeschoss

Nicht nur die Bildreliefs unter den Fensterbrüstungen im ersten Obergeschoss und die bildhauerische Qualität des übrigen Figuren- und Ornamentschmucks, sondern auch die Feingliedrigkeit in der Profilierung der Fenstergewände und Segmentbögen sowie der Fensterbankgesimse bildeten insgesamt ein Gegengewicht zur Nüchternheit des unverputzten Ziegelmauerwerks, das auch die zur statischen Sicherung der Fensterstürze konstruktiv notwendigen Überfangbögen offen zeigte.

mut" und das auf einem wild umherspringenden Panther reitende „Glück", schließlich die „Berechnung" und die „Gestaltung", symbolisiert durch zwei Frauengestalten, die eine mit einem Postament und einer Kugel als den geometrischen Grundformen, die andere mit Kugel, Pfeiler, Kegel, Planrolle und ionischem Kapitell ausgestattet.

Die Türflügel ihrerseits zeigten mit zwei Mal acht Feldern die Porträtköpfe bedeutender Künstler der Vergangenheit: Iktinos, Vitruv, Nicoló Pisano, Arnolfo di Cambio, Brunelleski, Alberti, Benedetto da Majano, Bramante, Lionardo, Peruzzi, Raffael, Michelangelo, Palladio, Erwin von Steinbach, Dürer und Schlüter. Zu den Architekten der Antike und der italienischen Renaissance wurden drei deutsche Künstler gezählt – neben dem als Baumeister des Straßburger Münsters durch Goethes Hymnus unsterblich gemachten Erwin von Steinbach und dem vor wenigen Jahren in der Singakademie gefeierten Dürer auch Andreas Schlüter, in dem man zu diesem Zeitpunkt bereits den Architekten sah, der dem 1701 begründeten Königreich Preußen in Berlin mit dem Stadtschloss die machtvolle Bedeutungsmitte gegeben hatte, deren hochrangige Tradition es fortzusetzen galt.

Die beiden Eingänge bildeten einen Symmetriebezug für die Bildaussage der in den Fensterbrüstungen des Obergeschosses angeordneten Reliefs. Über dem Akademieeingang erschien in der mittleren Tafel Athena als Pallas Ergane, als Schutzgöttin der werktätigen Künste, eingerahmt von zwei geflügelten Genien, während die beiden außen liegenden Reliefs links die Unterweisung in der Malerei und rechts der Bildhauerei schilderten. Über dem Portal der Oberbaudeputation kam im mittleren Relief Apollon Helios als Schutzherr der Künste zur Darstellung, begleitet von zwei Genien mit Tafel und Maßstock, „auf Maaß und Zahl und Rhythmus deutend und den Zusammenhang der Baukunst mit der Musik betonend",[59] eingefasst von zwei Tafeln, die einen Baumeister mit einem Zirkel und einen Werkmeister mit dem Senklot zeigten, beide begleitet von Schülern oder Gehilfen.

Die Reliefs der links von dieser Symmetrieachse angeordneten Tafeln schilderten den Niedergang der klassischen Kunst und das Aufblühen der neuen Baukunst. Das mittlere Relief des linken Fensters zeigte den über dem zu Boden gestürzten Pegasus liegenden Genius der Kunst, gerahmt von zwei Tafeln mit den Untergang der Kunst betrauernden Werkmeistern und Jünglingen. Das nächste Reliefs stellte den über einer geborstenen Säule zusammengebrochenen Genius der Baukunst dar, der wiederum von zwei Platten mit Jünglingen, die um

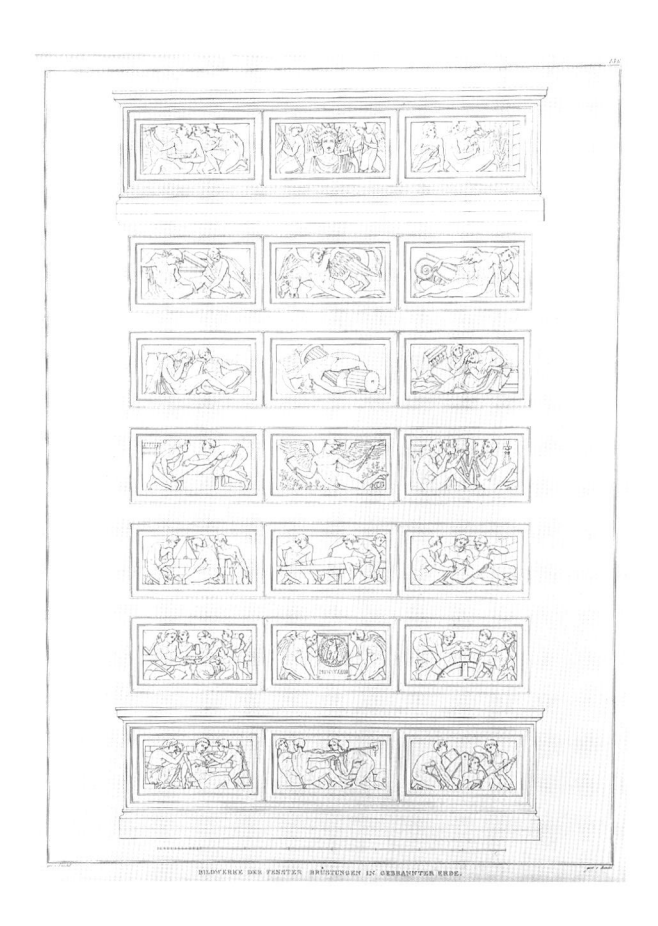

Karl Friedirch Schinkel. Entwurf für Basreliefs an den Brüstungen der Fenster des Ersten Hauptgeschosses

Die von Schinkel entworfenen Reliefs belegten, mit welchem künstlerischen Vermögen der Architekt die Bildfläche der einzelnen Tafeln so ausfüllte, dass trotz Lebendigkeit in Köperhaltung und Bewegungen der Figuren eine strenge Ordnung in der Komposition eingehalten wurde, die in aller Regel die Mittelachse zum Ausgangspunkt nahm.

den Verfall der Baukunst trauerten, eingefasst war. Das nächste Relief belegte dann das erneute Aufblühen der Baukunst in Gestalt eines schwebenden geflügelten Genius, der brennende Fackeln trug und unter dem die jungen Sprösslinge des Ölbaums den zurückgekehrten Frieden anzeigten, während die beiden außen angeordneten Tafeln sinngemäß links eine Grundsteinlegung und rechts die Vollendung einer gotischen Kathedrale zeigten. Von der Portalachse nach rechts leiteten die Reliefs dann augenscheinlich den Bezug zur Gegenwart ein: Das zentrale Bild des nächsten Fensters führte auf einem Denkstein einen umkränzten preußischen Adler mit der Jahreszahl 1832 vor, dem Jahr des Baubeginns der Bauakademie, mit der ein neuer Aufstieg der Baukunst eingeleitet werden sollte. Und so schildern die folgenden Reliefs ohne ein sinnstiftendes Mittelrelief nun Verrichtungen des Baumeisters und Zimmermanns vom Entwurf über das Heranschaffen und Zurichten von Werkstücken, das Aufführen von Mauern bis zum Bogenbauen und Wölben. „Und damit auch das schöne Motiv der Erquickung und Ruhe nicht fehle, erscheint die Familie, um dem Vater das Mittagessen zu bringen oder ihn Abends vom Werkplatze abzuholen."[60]

In den segmentförmigen Bogenfeldern, welche die Fenster des ersten Obergeschosses nach oben hin abschlossen, kamen auf heraldischen Schilden und eingerahmt von Tieren, die das jeweilige Werkzeug charakterisierten, die Hilfsmittel des Baumeisters zur Anschauung: Setzwaage, Maß- und Bogenzirkel, Winkelmesser, Greif- und Tastzirkel, Wasserwaage, Senklot, Reissschiene und Winkel sowie Stechzirkel.

Das Bildprogramm stellte mit den Porträtköpfen der Baumeister auf den Türblättern, dem aufgezeigten Gang der Geschichte von der mythischen zur romantischen Epoche, den Tugenden des Baumeisters wie den Grundverrichtungen des Architekten, dem Verweis auf den Niedergang der Kunst, aber auch die Hoffnung auf ihren Wiederaufstieg ein außerordentlich dichtes und universelles Gedankengebäude dar, das in Teilen des Bedeutungsgehaltes seine Entsprechung in den Wandbildern zu Götter- und Menschenschicksalen fand, die Schinkel gleichzeitig für die Wandelhalle des Alten Museums konzipierte. Von dieser Schinkelschen Vorstellungswelt unterschieden sich die Denkmäler für Thaer und Beuth in ihren Bildaussagen bereits deutlich, indem sie keinen Bezug mehr zur universellen Geschichte herstellten, sondern allein auf die individuelle Tüchtigkeit der Geehrten abzielten, wenngleich diese auch durch Tugenden und Allegorien zur Anschauung gebracht wurden. Allein der Goethesche Hinweis auf die Natur als Lehrmeisterin sollte eine tiefere Einsicht vermitteln.

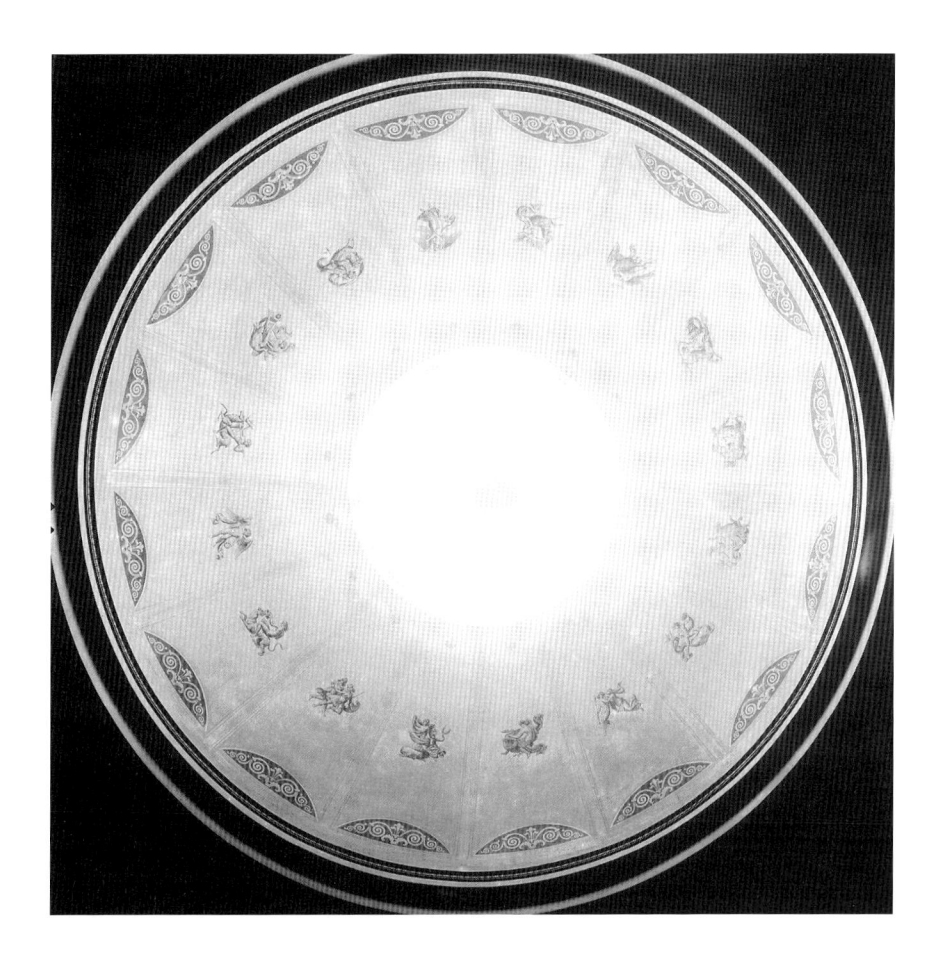

Das Bauwerk im Inneren

Die beiden nebeneinander liegenden Treppen signalisierten bereits ihre Funktionen. Jene zur Bauschule nahm die gesamte Breite eines Rasterfeldes ein und erreichte ohne Zwischenpodest das Obergeschoss. Die Treppe in das zweite Obergeschoss besaß nur die halbe Rasterbreite, weil man im Erdgeschoss am Treppenlauf vorbei den zentralen Lichthof des Hauses und die beiden Erdgeschosswohnungen erreichen sollte. Das zweite, zur Friedrichwerderschen Kirche hin gelegene und vom Markt aus zu betretende Treppenhaus, unterteilt in zwei wiederum eigenständige, hintereinander liegende Läufe, erschloss einmal wohl als Nebentreppenhaus den separaten Zugang zu allen Obergeschossen, dann aber auch mit dem zweiten hinteren Treppenlauf die Wohnung Schinkels. Dieser zweite Treppenlauf erhielt als oberen Abschluss zur Belichtung eine Kuppel, über deren

Die Treppenhauskuppel

nachfolgende Seite:

Der obere Treppenhausabschluss

Auch das Treppenhaus übernahm die im Schnitt dargestellte Dekorationsmalerei, die bis in die Oberlichtkuppel hinein eine übereinstimmende Handschrift verriet. Die einfachste Grundform zur Abgrenzung der unterschiedlichen Flächen der Pfeiler, Vorlagen, Bogenzwickel und Bogenuntersichten bildeten die entlang der Kanten laufenden Einfassungen oder die Kassettenmalereien. Auch das eiserne Treppengeländer verriet in seiner Grazilität einen gleichen Duktus in der Entwurfshandschrift.

rechte Seite:

Schnitt durch einen Flügel der Bauakademie mit Läden im Erdgeschoss

Der Schnitt belegt, mit welcher Konsequenz die Vertikalität der Mauerpfeiler und der in den Räumen stehenden Pfeiler und Säulen eingehalten wurde. Er zeigt ferner, dass trotz einheitlicher Dekorationsmalerei in allen Geschossen besonders das erste Obergeschoss durch die Raumhöhe, eine etwas aufwändigere Rahmung der Türen und die dorischen Mittelsäulen in den Sälen ausgezeichnet war.

Scheitelpunkt das Tageslicht einfiel. Die großen Säle der Bauschule wurden mittig durch Stützen in Gestalt ionischer Säulen und korrespondierend an den Wänden mit starken Vorlagen unterteilt, wobei die konstruktive Überbrückung zwischen Säule und Pfeiler durch gestelzte flache Segmentbögen erfolgte, zwischen denen sich flache Kappen spannten.

Mit der Fertigstellung des Gebäudes am 1. April 1836 bezog Schinkel im zweiten Obergeschoss seine Dienstwohnung mit den zum Kupfergraben hin untergebrachten Arbeits- und den zur Werderstraße gelegenen Wohnräumen. Der Berliner Adresskalender für das Jahr 1836 vermeldete, dass der Architekt seinen bisherigen Wohnort Unter den Linden 4 a verlassen und „nach Ostern in der Bauschule a.[m] A.[lten] Packhof" wohnen werde.

„Die Einrichtung dieser Wohnung ist höchst einfach und dem modernen Sinne widerstrebend. Man findet dort weder prächtige Tapeten, noch kostbare Möbel, noch große Spiegel, gegen welche letztere

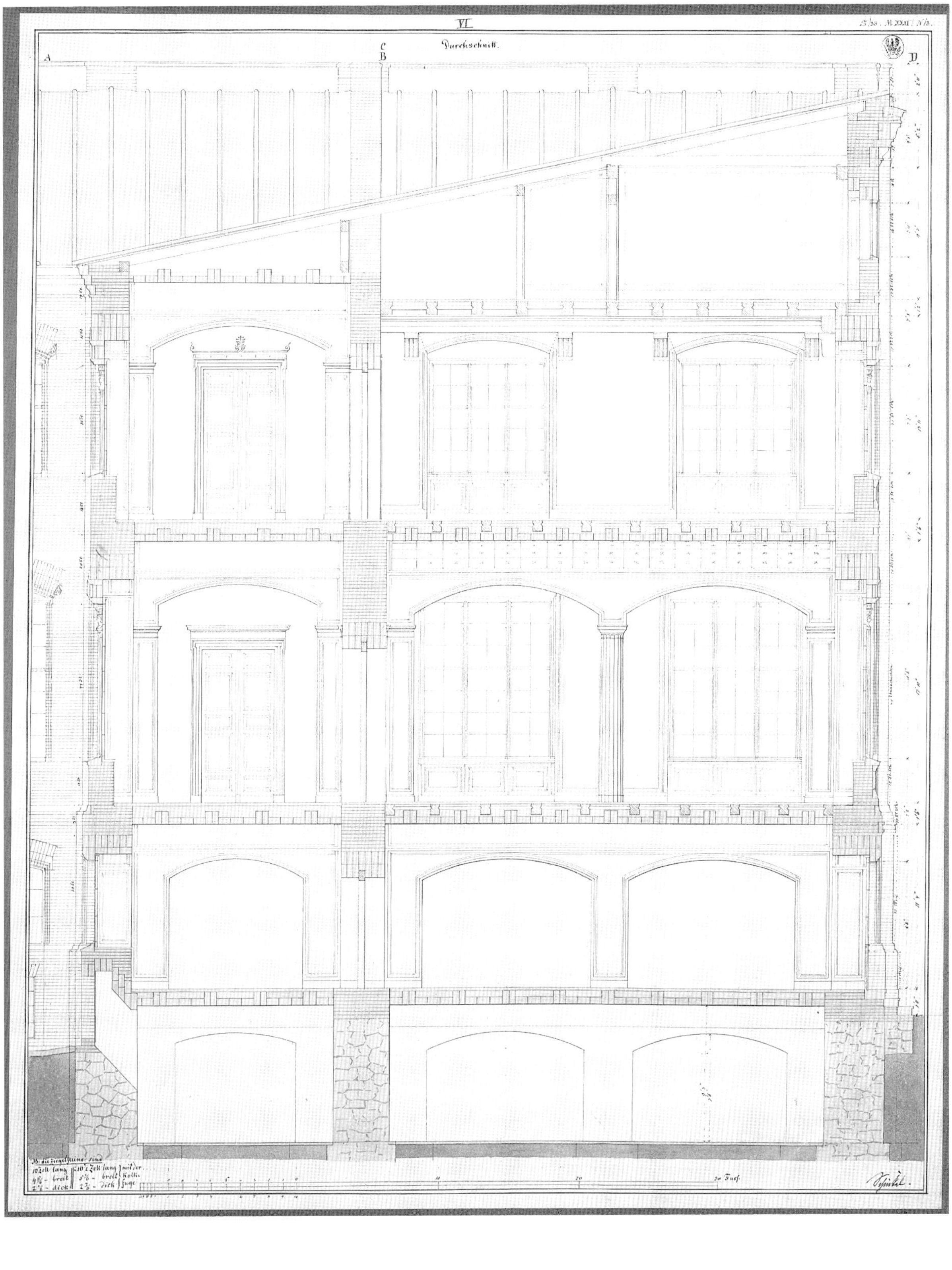

Schinkel eine entschiedene Abneigung hatte. Der einzige Schmuck besteht in Kunstwerken. Das Wohnzimmer vereinigt eine Auswahl der schönsten Kupferstiche, besonders nach Raffael, zu welchem Genius Schinkel sich aus geistiger Verwandtschaft unter den Neueren am meisten hingezogen fühlte. Ein Saal davor enthält einen Theil seiner oben beschriebenen Landschaften, ein anderer, größerer, Schinkels Lieblingsraum, eine Anzahl von Gipsabgüssen, welche, auf einem in mäßiger Höhe herumlaufenden Bord aufgestellt, und sich gegen einen rotbraunen Rund [sic! wohl: Grund] abhebend, eine sehr schöne Wirkung machen. Als charakteristisch für seine Auswahl bemerke ich darunter nur den Sohn der Niobe nach dem Marmor in der Glyptothek zu München; Castor und Pollux, oder die sogenannten Genien von St. Ildefonso, den Apollino und den berühmten Pferdekopf vom Parthenon. Auf besonderen Postamenten sieht man die Juno von Ludovisi, die Zeusmaske aus dem Vatican und den anbetenden Knaben des hiesigen, königlichen Museums. In seinem Studierzimmer daneben, von ansehnlicher Größe und kunstreich ausgebildeter Balkendecke, hat er sich besonders in einem sehr langen Arbeitstische gütlich getan, um die Sammlung trefflicher Kupferwerke, für welche er nach seinen Verhältnissen bedeutende Opfer gebracht, wie seine eigenen Zeichnungen, bequem handhaben zu können. Diese Einrichtung mußte ihm um so mehr behagen, als die Benutzung dieser Werke, welche in seiner letzten Wohnung unter den Linden in ein kleines Cabinet, was auch zugleich zu seinem Arbeitszimmer diente, zusammengepfercht waren, ihm sehr beschwerlich und zeitraubend wurde."[61] Nach Rauch war Schinkels Wohnung ein „Muster großartig einfacher Wohnungsarchitektur", sie sei „die schönste und angenehmste Künstlerwohnung, die ich je gesehen habe".

Die Gewerbetreibenden

Die Mieteinnahmen aus den Läden hatten das für den Bau aufgenommene Kapital zu amortisieren. Die insgesamt zwölf Mieter konnten somit keine üblichen Gewerbetreibenden sein, die als Handwerker traditionelllerweise ihrem eher schmalen Gewerbe nachgingen und an ihrer Wohnstätte auch noch Werkstatt und Verkauf betrieben. Aus der die Zeit beherrschenden Idee der Gewerbeförderung heraus und damit auch aus dem Bestreben, sich von überkommenen Strukturen zu lösen, konnten im Gebäude nur Läden angeboten werden, die zum einen mit ihren Produkten die Ziele des Gewerbefleißes verkörperten und andererseits in der Lage waren, einen gehobenen Bedarf zu befriedigen – vor allem aus einer Ferti-

gungsbranche, die nicht Gegenstand des technischen Gewerbefleißes war: der beginnenden Textilindustrie, die zunächst noch in Heimarbeit vergeben wurde.
Dass in der Bauakademie Läden eingerichtet wurden, war sicherlich nicht nur dem Umstand der Baufinanzierung geschuldet, die Läden folgten auch der günstigen Lage des Hauses, bestanden auf dem Friedrichwerder und in der Friedrichstadt doch bereits vergleichbare Angebote und war dieses außerdem nach dem Straßendurchbruch an den Werderschen Mühlen mit der unmittelbaren Umgebung des Schlosses verbunden und weiter mit der Königsstraße, die den Rang der vornehmsten Einkaufsstraße für sich beanspruchte. Die Läden wurden folglich auch von königlichen Hoflieferanten angemietet. Sicherlich wegen der Frequenz der Straßen nicht zufällig, erstreckten sich die Läden entlang der Werderschen-Markt-Seite und entlang des Kupfergrabens, während die Platzseite wohl als die hoheitsvollere Front mit den beiden Haupteingängen angesehen wurde und die zur Kirche eher als abseitig gelegen eingeschätzt wurde.
Die wohl gewichtigsten Mieter in den Läden der Bauschule waren ab 1839 die Brüder Herrmann und Benny Gerson, die als Gebrüder Gerson firmierten. Der Kaufmann und Hoflieferant Ihrer Majestät der Königin Hermann Gerson betrieb in seiner „Handlung in der Bauschule 3" [d. h. dem Laden Nr. 3] ein „Lager weißer Stickereien, weißer Waaren, Blonden, Kanten, Tülle, franz.[ösische] Leinen, Battist und Battist-Tücher, franz.[ösische] Seidenwaaren, und Damenmäntel."[62] Im benachbarten Laden Bauschule 2 unterhielt „H. Gerson, Manufakturw.[aren] Hdlr.[Händler] und Fabr.[ikant] von künstl.[ichen] Blumen f.[ür] Blumenfabrikanten" eine Verkaufsstelle. Bauschule 4 folgte Benny Gerson, „Hoflief.[ant] S[eine]r. M.[ajestät] d.[es] Königs, Fabr.[ik] u. Handl.[ung] aller Arten Bronce u.[nd] andere Gardinen-, Möbelzeug- u. dergl.[eichen] Verzierungen."[63] Der geschäftliche Erfolg ermöglichte es bereits ein Jahrzehnt später, dass die Firma schräg gegenüber der Bauakademie Wersche Straße / Ecke Kurstraße das erste Berliner Kaufhaus für Modewaren eröffneten.
Im Laden „Bauschule 1" führte Isaac eine Handlung für Damenmäntel, im Laden 5 unterhielt der Kaufmann Zeibig eine Galanterie- und Kurzwarenhandlung mit Pariser Galanteriewaren, im Laden 8 der Kaufmann und königliche Hoflieferant F. Hengstmann ein Geschäft mit Glaswaren sowie Porzellan- und Gesundheitsgeschirren. Valentin Manheimer hatte ebenfalls einen Laden für Konfektionswaren – 1837 hatten die Gebrüder Mannheimer als erste Firma dieser Art die Anfertigung von Mänteln aufgenommen.
Der Laden 12 beherbergte die Gropius'sche Buch- und Kunsthandlung und die von Carl Reimarus. Die Buch- und Kunsthandlung der Gebrüder Gropius war 1827 gegründet worden und Schlossplatz 1 untergebracht. In den Laden der Bauakademie trat der bei Duncker

und Humblot ausgebildete Buchhändler Wilhelm Ernst ein, der 1851 die Leitung der Reimarus'schen Buchhandlung übernahm und einen eigenen Verlag gründete.
Es entsprach den Gepflogenheiten, dass man in aller Regel nicht weit von seiner Handlung wohnte, so Hermann Gerson Kurstraße 18, 19. Reimarus wohnte Platz an der Bauakademie 6, Hengstmann am Werderschen Markt 8.

Organisatorische Zuordnung der Baubehörden

1834 war das Bauwesen noch dem „Ministerium des Innern, für Handels- und Gewerbe-Angelegenheiten" zugeordnet. 1835 entstand unter der Leitung von Beuth, den Gutzkow in dieser Funktion als Minister seiner Leserschaft bereits angekündigt hatte, die „Verwaltung für Handel, Fabrikation und Bauwesen", zu der als „Ressortirende Behörden" in der „I. Abtheilung f.[ür] d.[ie] Handels-, Fabriken- u. Bau-Sachen, mit Ausnahme der Chaussee-Angelegenheiten" nun „die Technische Ober-Bau-Deputation, die Allgemeine Bauschule, die Baugewerk-Schule, das Technische Gewerbe-Institut sowie die Porcellan- und Gesundheits-Geschirr-Manufacturen" gehörten. Die Zusammenarbeit von Beuth und Schinkel entsprang nicht nur gegenseitiger freundschaftlicher Zuneigung, sondern auch dienstlichen Verpflichtungen.

Die allgemeine Bauschule

Nach dem Muster des Beuthschen Gewerbeinstitutes wurde der Betrieb der Bauakademie mit der Reformverordnung vom 8. September 1831 verschult und der Lehrplan eng auf die neue Prüfungsordnung zugeschnitten. „Die allgemeine Bauschule ist bestimmt, bewährte Feldmesser nach den Vorschriften der Verordnung vom 8. September 1831 für den Staatsdienst im Baufache, Bauhandwerker aber, nach jenen Vorschriften, zu Privatbaumeistern auszubilden."[64] Aus der Bauschule gingen somit Staatsbeamte wie Privatarchitekten hervor. Neben dem Abschluss als Baumeister gab es nach einem Weiterbildungsstudium den Grad eines Bauinspektors.
Die Vorlesungen galten dem Wasser- und Maschinenbau sowie dem Stadt- und Prachtbau. „Gegenstände des Unterrichts sind: Physik, Chemie, Mineralogie, Botanik, Körperlehre, beschreibende Geometrie, Perspektive, Analysis, Statik, Hydrostatik, Mechanik, Hydraulik

und Aerodynamik, Maschinenlehre, Konstruktionslehre für alle Theile eines Bauwerks und der Maschinen; die Monumente der alten und vergleichenden Geschichte der Baukunst; das architektonische und Maschinenzeichnen in seinem ganzen Umfange; das Landschaftszeichnen; der Straßen- und Wasserbau im ganzen Umfange; der Land-, Stadt- und Prachtbau; der gewöhnliche und höhere Maschinenbau; das Entwerfen, Berechnen und Veranschlagen aller vorgenannten Gegenstände; die höhere Gäodesie; der Geschäftsgang."[65] Wilhelm Stier lehrte „Architekturzeichnen", „Freies Handzeichnen"

Karl Friedrich Schinkel. Entwurf der Bauakademie

Mehr noch als der Schnitt durch das Gebäude lassen die beiden Grundrisse den strengen Raster erkennen, über dem das Bauwerk entworfen wurde und das den unterschiedlichen funktionalen Anforderungen folgend auch variert werden konnte.

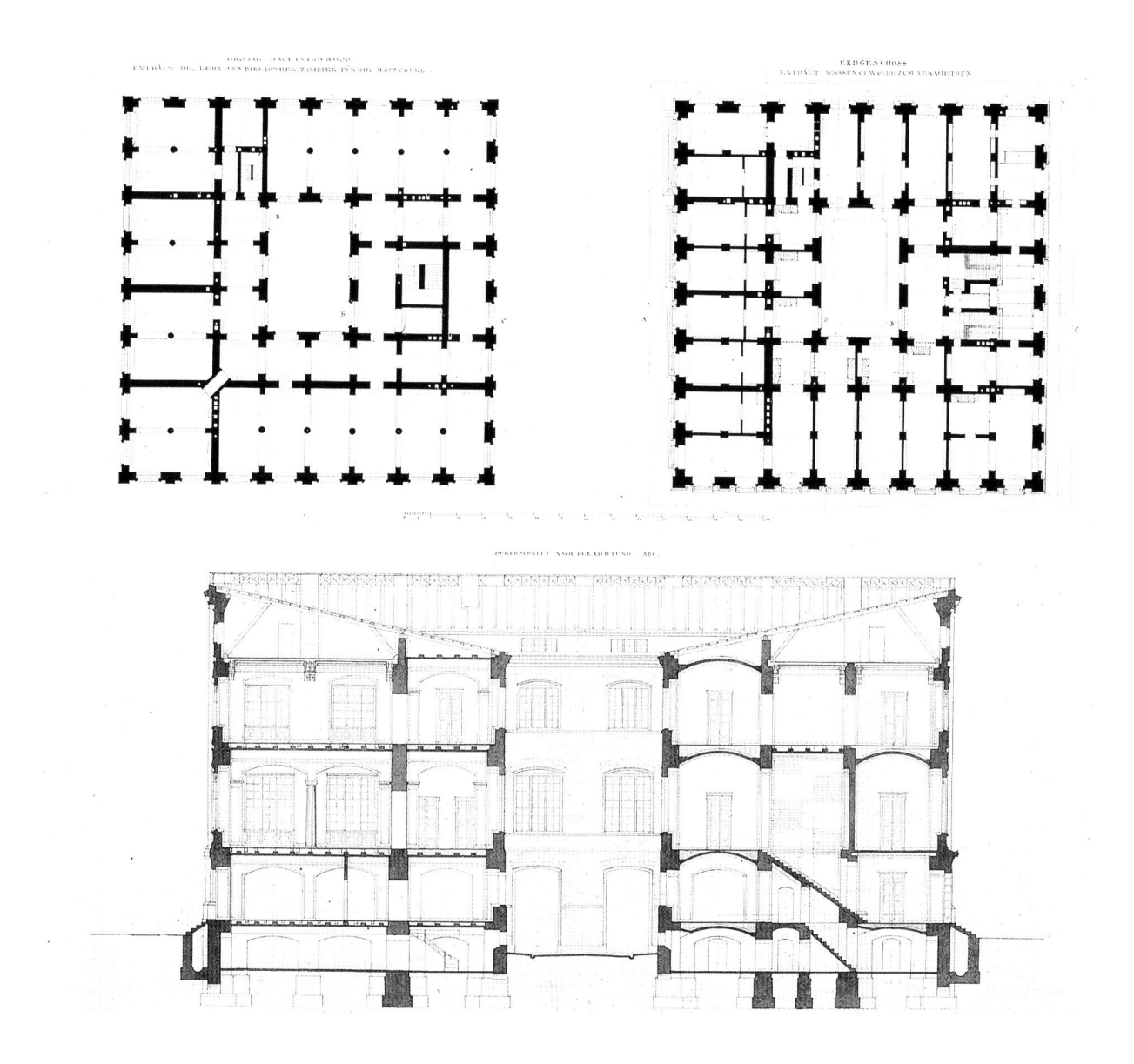

und „Ornamentzeichnen", Friedrich August Stüler hatte im Weiterbildungsstudium für die angehenden Bau-Inspektoren einen Vortrag über „Stadtbaukunst" zu halten und das „Entwerfen von Stadtgebäuden" und das „Entwerfen von Gebäuden in höherem Stil" zu übernehmen, während Stier zur „Vergleichenden Geschichte der Baukunst" unterwies.

1832 bestand der Lehrkörper der „Allgemeinen Bauschule" nur aus neun Mitgliedern, vergrößerte sich 1834 auf insgesamt elf und umfasste 1835 kurz vor Aufnahme des Lehrbetriebs im neuen Gebäude dann sechzehn Lehrpersonen. Neben Stier und Stüler traten noch die Architekten Oberbaurat Hagen und Bauinspektor Lincke. Verstärkt worden war der Lehrkörper durch Professoren der Universität und der Akademie der Künste sowie den Oberbaurat Hagen aus der Oberbaudeputation. Die Reorganisation der Bauakademie umfasste somit nicht nur den Lehrplan, sondern auch die Breite der Ausbildung und die verbesserte Besetzung des Lehrkörpers.

Mit Wilhelm Stier und Friedrich August Stüler prägten zwei Architekten den Lehrbetrieb der Bauakademie, von denen der eine – Stier – fast ausschließlich als verdienstvoller Lehrer, der sich auch an Wettbewerben zum Berliner Dom beteiligte, tätig war und der andere – Stüler – als Hofbaurat und Direktor der Schlossbaukommission eine herausragende Stellung einnahm und nach der Thronbesteigung Friedrich Wilhelms IV. im Jahre 1840 mit einer Fülle von Bauaufgaben auch zur Umgestaltung der Umgebung des Berliner Stadtschlosses beauftragt wurde.

Stier und Schinkel waren einander im Oktober 1824 in Rom mehrmals begegnet. Als Folge dieser persönlichen Bekanntschaft hatte Stier auf Empfehlung Schinkels ein Stipendium erhalten, das ihn erst im Oktober 1827 aus der Ewigen Stadt nach Berlin zurückkehren ließ. Wiederum auf Veranlassung Schinkels wurde Stier von Ostern 1828 an bis zu seinem Tode Lehrer an der Bauakademie. Ausdruck für das enge Verhältnis zwischen Stier und Schinkel war, dass Stier die Grabrede auf Schinkel hielt. Wilhelm Stier, der am 19. September 1856 in Berlin starb, wurde ein besonderes Denkmal gesetzt: Sein Grab auf dem Schöneberger Dorfkirchhof schmückte die Inschrift DEM FREUNDE DEM LEHRER DIE ARCHITEKTEN DEUTSCHLANDS. Ein würdiges Grabmonument in Gestalt eines antiken Tempelbaus und die öffentliche Ehrung durch eine solche Inschrift vereinten sich hier zu einem Zeitpunkt, als die Denkmäler für Beuth und Thaer erst ihre unumkehrbare Entwicklung nehmen mussten und das Grabmonument für Beuth noch dem Typus des Grabmals für Schinkel folgte.

Stüler war nach seiner Baumeisterprüfung 1827 zwei Jahre lang bei Schinkel tätig, als die Entwürfe für das Ostportal des Roderntunnels in Rüdersdorf und die für den Umbau des Palais Redern am Pariser Platz bearbeitet sowie das Palais des Prinzen Karl in der Wilhelm-

straße umgebaut wurden. Die Ernennung zum Hofbauinspektor im gleichen Jahr und die zum Hofbaurat und Direktor der Schlossbaukommission am 7. November 1831 folgten. Seine Lehrtätigkeit an der Bauakademie begann 1834, als der Neubau noch im Entstehen war, und dauerte bis 1854. Mit der Erkrankung Schinkels 1840 wurde er dessen Nachfolger als künstlerischer Berater Friedrich Wilhelms IV., der in diesem Jahr den Thron bestieg.
Bauakademie und Schinkelplatz waren keine Orte spektakulärer historischer Ereignisse, aber sie waren der Alltagsort, an dem wie an kaum einer anderen Stelle der Stadt mit Schinkel, Beuth, Stüler und Stier die Grundlagen für die Entwicklung im weiteren 19. Jahrhundert gelegt wurden. Sie waren durch die Portale der Bauakademie gegangen wie nach ihnen neben einer Vielzahl von Studierenden – in späteren Jahren etwa Ludwig Hoffmann und Alfred Messel – weitere hervorragende Lehrer-Architekten wie Friedrich Adler oder Richard Lucae, unter dessen Direktorat das Haus Schinkels schließlich umgebaut werden musste.

Die Oberbaudeputation

Die Oberbaudeputation war mit Kabinettsordre vom 6. Mai 1770 als „Ober-Bau-Departement des General-Direktoriums" ins Leben gerufen und hatte im Zuge der Neuordnung der ministeriellen Behörden 1808 eine veränderte Organisation und mit der Instruktion vom 26. September 1809 ihr endgültiges Aufgabengebiet zugewiesen erhalten. „Ist keine administrative, sondern bloß eine konsultative, zur Kontrolle und Revision der öffentlichen Baue angeordnete Behörde, deren Gutachten gefordert wird; über Gegenstände der allgemeinen Bau-Polizei, über die unter der Administration des Staates stehenden Baue, über Vermessungen aller Art, welche unter öffentlicher Autorität vorgenommen werden, und über die Maaße und Gewichte. Sie verrichtet ihre Revisionen in allen Beziehungen, deren der vorliegende Bau-Gegenstand fähig ist, und ist zugleich die Prüfungs-Behörde für alle Bau-Beamte und Feldmesser."[66] Die Oberbaudeputation war somit eine reine Gutachter- und Prüfbehörde für alle Gegenstände der staatlichen Bautätigkeit.
In der Deputation sah die Geschäftsverteilung vor, dass „ein Rath insbesondere den ästhetischen Theil der Baukunst bearbeitet, Gutachten über öffentliche Prachtgebäude und Monumente und über die Erhaltung der öffentlichen Denkmäler und Ueberreste alter Kunst ertheilt, in den Prüfungen [d. h. für die „Bauofficianten und Feldmeßer"] vorzüglich das Examen in Beziehung auf sein Reßort übernimmt und endlich die Hofbauangelegenheiten, welche zur

Oberbaudeputation gelangen, als sein Specialdepartement bearbeitet."[67] Diese Zuständigkeit einer obersten baukünstlerischen Kompetenz wäre im Zuge der Umstrukturierungen der Oberbaudeputation im September 1809 beinahe bei den Auseinandersetzungen zwischen dem Finanzminister und dem Innenminister aufgegeben worden, doch vermochte sich der Innenminister durchzusetzen, indem er vorschlug, die Stelle nicht gleich zu besetzen, sie zunächst mit einer niedrigeren Dotierung auszustatten, d. h. nicht mit einer Ratsstelle, und „dieselbe vorderhand durch den frühzeitig bekannten etc. Schinckel in der Eigenschaft als Assessor etwa"[68] zu verwenden. Der früh zu künstlerischem Ansehen gekommene Schinkel bewahrte somit die Deputation davor, zu einer rein technische Belange revidierenden Gutachterbehörde zu werden.

Die Oberbaudeputation war in ihrer Geschichte immer eng mit der Bauakademie verbunden und teilte in der ersten Hälfte des 19. Jahrhunderts das Dienstgebäude mit ihr – von 1800 bis 1806 die Münze am Werderschen Markt, von 1806 an das eigens erworbene Anwesen Zimmerstraße 25 / Ecke Charlottenstraße und sie bezog schließlich auch mit der Bauakademie den Schinkelschen Neubau. Trotzdem blieben beide Institutionen bewusst in ihren Zuständigkeiten und in ihren Mitgliedern getrennt: „Die Bauakademie steht ferner in keiner Verbindung mehr mit der technischen Oberbaudeputation. Die Mitglieder der letzteren vollziehen als Examinatoren im Baufache die natürliche Controle des Unterrichts, welcher bei der Academie ertheilt wird; und sind verpflichtet der vorgesetzten Sektion Anzeige zu machen, wenn sie bei den Prüfungen bemerken, daß der Unterricht bei der Bauakademie mangelhaft oder nachläßig ertheilt wird. Aber eben deswegen können sie selber weder an dem Unterrichte noch an der Curatel über die Bauakademie niemals einen direkten Antheil nehmen, da sie sonst Controlleurs in ihrer eignen Angelegenheit seyn würden."[69] Die Oberbaudeputation war somit die Aufsichtsbehörde der Akademie und musste bei aller räumlichen und fachlichen Verbindung ihre Unabhängigkeit bewahren.

Die Oberbaudeputation blieb auch unter der Leitung Schinkels mit zehn Mitgliedern überwiegend im Range Geheimer Oberbauräte konstant besetzt, wobei deren Aufgaben den hohen Dienstrang erklärte. Sie umfasste 1835 die Geheimen Oberbauräte Günther, Bauer, Schmid, Dr. Matthias, Severin, C. B. Elsner und Becker sowie die Oberbauräte G. Hagen und Busse und den Landbaumeister Helft als „Hilfsarbeiter".

Das Gebäude am späteren Schinkelplatz beherbergte somit die Ausbildungsstätte für den Architektennachwuchs und die baukünstlerische Kompetenz des preußischen Staates.

Der Schinkelplatz danach

Mit der Enthüllung der Denkmälergruppe vollzog sich die Sinnstiftung eines Ortes, der in Berlin so gut wie keine Parallele besitzt. Mit den Denkmälern von Thaer, Beuth und Schinkel wurde die Bauakademie in einen nun auch äußerlich sichtbaren Rang erhoben, obgleich er ihr aus der historischen Entwicklung immanent als Bauwerk sowie durch Nutzung und Nutzer ohnehin zukam. Gerade in der unmittelbar räumlichen Nachbarschaft zur Neuen Wache Unter den Linden geriet der Schinkelplatz in seiner Bedeutung, wenn auch wohl kaum in seiner umfassenden öffentlichen Wahrnehmung, zum

vorhergehende Seite:

Richard Lucae. Entwurf für eine Erweiterung der Bauakademie, 1875

Selbst wenn die Besonderheiten des Standortes keine Erweiterung der Bauakademie selbst zuließen, so legte wohl die Ehrfurcht vor dem Schinkelschen Meisterwerk nahe, die dringend notwendige Vergrößerung des Hauses im respektvollen Abstand zu planen. Und bei aller Abweichung im formalen Aufbau wäre auch der Neubau ein 'Kasten' geworden.

Der Schinkelplatz nach dem Zweiten Weltkrieg

Die Bauakademie ist eine ausgebrannte Ruine. Das Standbild Schinkels liegt am Boden. Die bronzenen Eckfiguren des Sockels unterhalb der jetzt verkanteten Abschlussplatte fehlen. Die Reliefplatten vom Sockel Thaers sind zum Teil bereits Opfer von Buntmetalldieben geworden. Der Sockel selber zeigt auf seinen ehemals glatten Natursteinflächen deutliche Geschosseinschläge. Um die Denkmäler herum türmen sich Ziegelschutt und Pflastersteine. Nur die Bäume scheinen das Inferno von Bombenkrieg und Endkampf unbeschädigt überstanden zu haben.

bürgerlich liberalen Gegenort zu der im Umfeld des königlichen Palais und der Neuen Wache dem König zugeordneten Generalität. In der Konsequenz der weiteren geschichtlichen Entwicklung überwand er das Forum der Generäle in dessen Bedeutung in Sachen politischer Ausschließlichkeit. Die Standbilder der Generäle wurden bei diesem langsamen Prozess ihres Bedeutungsverlusts und beim Übergang in neue Gesellschaftsformen nach 1918 nicht zerstört oder verändert, die Existenz des Schinkelplatzes mit der Bauakademie und den Standbildern der bürgerlichen Reformatoren reichte schon aus, um dem kundigen Betrachter den Gang der Geschichte von der zunächst vorherrschenden Würdigung des Militärs bis zu deren Überwindung durch die neuen bürgerlichen Helden deutlich zu machen, selbst wenn der Schinkelplatz nicht die Staatsöffentlichkeit fand, wie sie der Neuen Wache und damit in ihrem Umfeld auch den Standbildern der Generäle bis ins 20. Jahrhundert als Ort des Totengedenkens und eines Heldenmythos' zuteil wurde. Die bürgerliche Gesellschaft scheint ihrer bürgerlichen Helden offiziell wenig gedacht zu haben.

Diese sinnstiftende Einheit von Bauwerk, Platz und Denkmälergruppe sowie von ursprünglicher Nutzung der Bauakademie begann sich bereits wenige Jahre nach der Enthüllung des Schinkel-Denkmals zu verändern. Nur über die Dauer von etwa einer Generation hatte das ursprüngliche Ensemble somit Bestand. Der Lehrbetrieb der Bauakademie führte bereits in den siebziger Jahren des 19. Jahrhunderts zu einem gravierenden Umbau des Hauses, bei dem in den alten Licht-

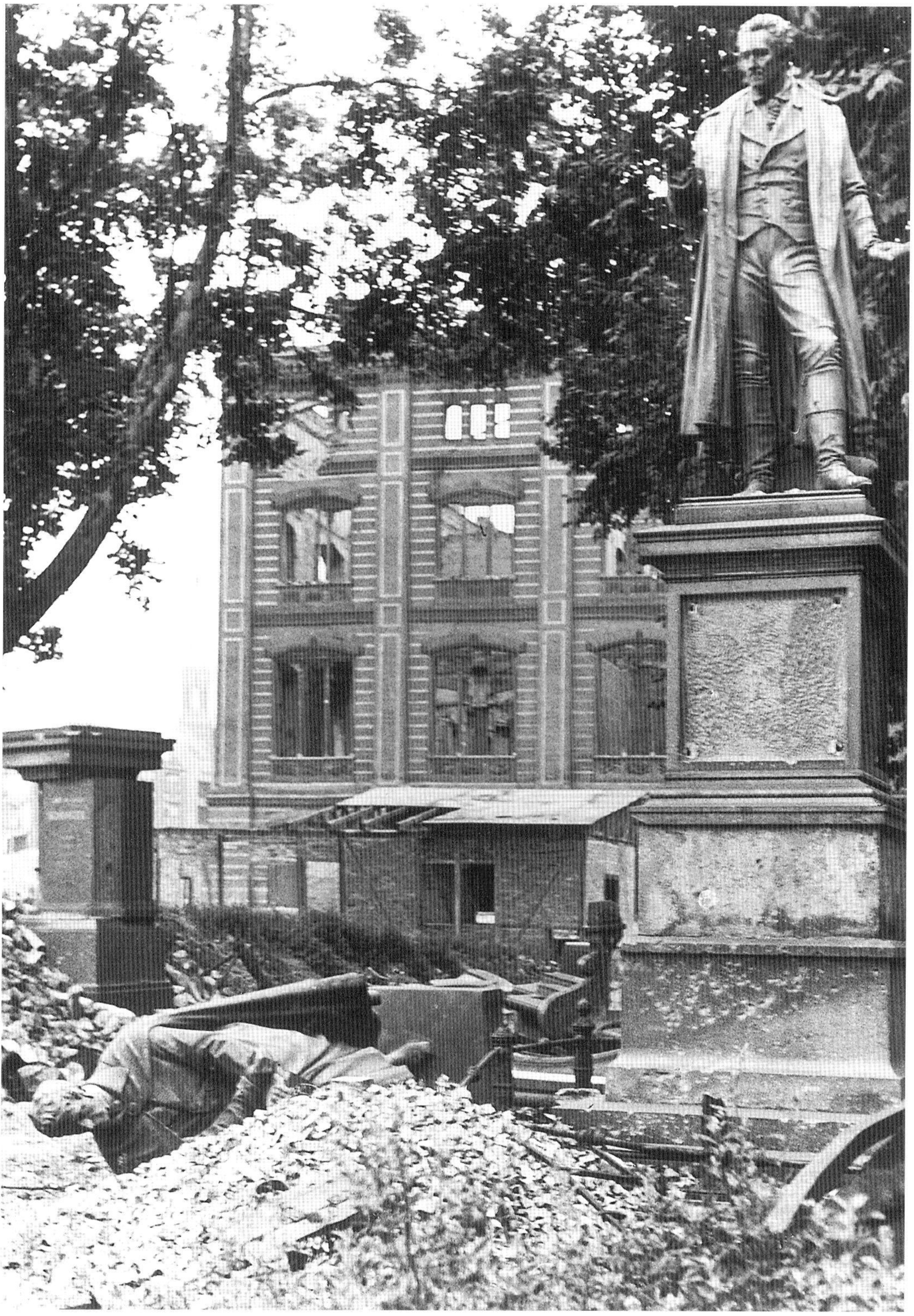

hof nach dem Entwurf von Richard Lucae ein zentrales Treppenhaus eingebaut und damit die alte Schinkelsche Erschließung der einzelnen Funktionsbereiche aufgegeben wurde. Lucae plante sogar eine vom Schinkelschen Bau respektvoll losgelöste Erweiterung der Bauakademie jenseits an der Schleusenbrücke. Die Fläche des Platzes selbst wurde in den achtziger Jahren durch eine die Denkmälergruppe noch weiter aufwertende Umgestaltung verändert. Standen die Denkmäler zuvor augenscheinlich auf einer wassergebundenen begehbaren Fläche, hinter der Richtung Bauakademie eine baumbestandene Rasenfläche lag, so entstand nun ein die Gruppe zusammenfassendes Schmuckpflaster mit einer halbkreisförmigen steinernen Ruhebank im Rücken des Ensembles sowie mit einem flachen Schalenbrunnen, der die Spitze der Pflasterfläche einnahm. Nur die beiden inzwischen mächtig gewordenen Bäume hinter den Standbildern von Beuth und Thaer wiesen noch in die ursprüngliche, viel bescheidenere Lennésche Platzanlage zurück.

Die Strukturveränderungen, die nach der Reichsgründung von 1871 in der historischen Innenstadt einsetzten, wirkten sich auch auf den Friedrichwerder und die Umbauung des Schinkelplatzes aus. Es begann die Transformation der durch ihre Bürgerhäuser geprägten Innenstadt in eine City mit sich zunehmend ausdehnenden Geschäftshäusern, deren Entwicklung bereits 1848 mit dem Gersonschen Warenhaus schräg gegenüber der Bauakademie angeklungen war. Der Umbau der Kommandantur in den Jahren 1873–1874 fiel demgegenüber kaum ins Gewicht. In der Randbebauung des Schinkelplatzes selbst entstand als großmaßstäbliches neues Bauwerk im Zuge dieser Entwicklung nur die Bank für Handel und Industrie, während am Werderschen Markt die Umstrukturierung mit den berühmten Werderhäusern von Alfred Messel, denen die Münze zum Opfer fiel, deutlicher wahrgenommen werden konnte.

Obgleich sich generell Gebäudetypus und Maßstab der Bebauung veränderten, blieb die historische Topographie erhalten, von den Eingriffen am Werderschen Markt abgesehen. Sie erwies sich in dieser Zeit zwischen Reichsgründung und Zweitem Weltkrieg als die beständige Komponente, selbst wenn mit dem Neubau der ab 1933 erfolgenden Reichsbankerweiterung bereits ein Teilstück des Friedrichwerderschen Stadtgrundrisses zerstört wurde. Erst dem Anspruch der DDR, sich mit dem Marx-Engels-Platz als ihrem zentralen politischen Demonstrationsplatz und den ihn umgebenden Neubauten von Staatsratsgebäude, Außenministerium und Palast der Republik eine neue sozialistische Staatsmitte zuzulegen, fiel nicht nur die für den Wiederaufbau vorgesehene Bauakademie zum Opfer, sondern auch die historische Topographie, die völlig negiert wurde. Der Zweite Weltkrieg hatte zuvor die Gebäude beschädigt und das Denkmal Schinkels von seinem Sockel gestürzt. Der nach der Gründung der DDR 1949 einsetzenden ideologischen Säuberung der historischen Stadtmitte von allen Symbolen vergangener Machtstrukturen fielen dann auch das Denkmal Friedrichs II. Unter den Linden und die Standbilder der Generäle an der Neuen Wache zum Opfer [bis sie – Ironie der Geschichte – von den gleichen Machthabern wieder aufgestellt wurden].

Der Totalverlust des Schinkelplatzes, wie er durch den Bau des Außenministeriums eingetreten war, das Unverständnis gegenüber der Vernichtung der Bauakademie und die Vereinigung der beiden deutschen Teilstaaten 1989 lösten die Kräfte der Erinnerung aus, die sich aus der besonderen Empfänglichkeit gegenüber der alten Schönheit der Berliner Stadtmitte und ihrer geschichtlichen Bedeutung der Planung zur Wiederherstellung der historischen Topographie, dem Wiederaufbau der Bauakademie und der Wiedererrichtung der Denkmälergruppe von Thaer, Beuth und Schinkel zuwandte.

Anmerkungen

Der Verfasser hat für vielfältige Unterstützung und Hinweise Dank abzustatten. Er gilt der Ernst Freiberger Stiftung für ihre Hilfe bei der Erarbeitung des Manuskripts, der Humboldt-Universität in Gestalt ihrer Kustodin, Frau Dr. Keune, sowie der landwirtschaftlich-gärtnerischen Fakultät und ihrem Dekan, Professor Dr. Lindemann, der Thaer-Gedenkstätte in Möglin und ihrer Geschäftsführerin sowie der Albrecht-Thaer-Gesellschaft Celle und ihrem Geschäftsführer, Herrn Dr. Hessler, Professor Dr. Laurenz Demps und nicht zuletzt dem Geheimen Staatsarchiv Preußischer Kulturbesitz: Frau Dr. Gundermann ermöglichte unbürokratisch den Zugang zu den Quellen und Herr Dr. Strecke gab aufschlussreiche Hinweise. Ihnen allen sei herzlich gedankt. Besonderen Dank möchte der Verfasser aber Herrn Professor Dr. Volker Klemm für die wichtigen Ergänzungen zur Bedeutung Thaers abstatten.

1   Zit. nach Karl Gutzkow: Berlin – Panorama einer Residenzstadt, hrsg. u. m. e. Nachwort v. Wolfgang Rasch, Berlin 1995, S. 11 f. (Märkischer Dichtergarten, begr. v. Günter de Bruyn u. Gerhard Wolf).

2   Zit. nach Ilja Mieck: Von der Reformzeit zur Revolution (1806–1847), in: Geschichte Berlins Bd. 1, hrsg. v. Wolfgang Ribbe, München ²1988, S. 527.

3   Zit. nach Karl Gutzkow: Berliner Erinnerungen und Erlebnisse, hrsg. v. Paul Friedländer, Berlin 1960, S. 333.

4   Ernst Ludwig Heim: Tagebücher und Erinnerungen, ausgew. u. hrsg. v. Wolfram Körner, Leipzig 1989, S. 231.

5   Berlin, hrsg. v. Johann Jakob Hässlin, München ⁶1975, S. 99.

6   Zit. nach Helmut Reihlen: Christian Peter Wilhelm Beuth. Eine Betrachtung zur preußischen Politik der Gewerbeförderung in der ersten Hälfte des 19. Jahrhunderts und zu den Drakeschen Beuth-Reliefs, Berlin / Köln 1992, Anhang (S. 15).

7   Zit. nach Helmut Reihlen: Christian Peter Wilhelm Beuth a. a. O., Anhang (S. 14).

8   Albrecht Daniel Thaer: Landwirtschaftliche Gewerbs-Lehre – Neudruck 1967 n. d. Ausgabe letzter Hand, hrsg. v. d. Albrecht-Thaer-Gesellschaft, Celle / Hannover o. J. (1967), S. 3.

9   Zit. nach Paul Ortwin Rave: Karl Friedrich Schinkel. Berlin, T. 3. Bauten für Wissenschaft, Verwaltung, Heer, Wohnbau und Denkmäler, Berlin 1962, S. 38.

10 Gerhard Hinz: Peter Joseph Lenné. Das Gesamtwerk des Gartenarchitekten und Städteplaners, 2 Teile, Hildesheim / Zürich / New York 1989, S. 136.

11 Friedrich Adler: Die Bauschule zu Berlin von C. F. Schinkel, in: Festreden. Schinkel zu Ehren 1846–1980, ausgew. u. eingel. v. Julius Posener, hrsg. v. Architekten- und Ingenieur-Verein zu Berlin (AIV), Berlin o. J., S. 102.

12 Neuestes Conversations-Handbuch für Berlin und Potsdam zum täglichen Gebrauch der Einheimischen und Fremden aller Stände, hrsg. durch einen Verein von Freunden der Orts-

kunde; unter d. Vorstande d. L. Freiherrn v. Zedlitz, Berlin 1834 (unveränd. Nachdruck d. Ausgabe Berlin 1834, Berlin 1979), S. 221 f.

13 Zit. nach Martina Abri: Die Friedrichwerdersche Kirche zu Berlin. Technik und Ästhetik in der Backsteinarchitektur K. F. Schinkels, Berlin 1992, S. 24 (Die Bauwerke und Kunstdenkmäler von Berlin, hrsg. v. d. Senatsverwaltung für Stadtentwicklung und Umweltschutz, Landeskonservator).

14 Geheimes Staatsarchiv, HA I Rep 89 Nr. 20894 Bl. 63.

15 Zit. nach Ägina Nelius: Der Schinkelplatz und seine Denkmäler. Ein verschwundenes Ensemble in Berlins Mitte, in: Der Bär von Berlin. Jahrbuch des Vereins für die Geschichte Berlins, 43. F., Berlin / Bonn 1994, S. 61.

16 Geheimes Staatsarchiv, HA I. Rep 89 Nr. 20893 Bl. 4.

17 Wilhelm Körte: Albrecht Thaer. Sein Leben und Wirken, als Arzt und Landwirth. Aus Thaer's Werken und literarischem Nachlasse, Neudruck d. Ausg. v. 1839 mit Genehmigung d. Verlages F. A. Brockhaus in Wiesbaden, früher Leipzig o. O. 1975, S. 324.

18 Zit. nach Ägina Nelius: Der Schinkelplatz und seine Denkmäler a. a. O., S. 61.

19 Geheimes Staatsarchiv, HA I Rep 89 Nr. 20893 Bl. 6.

20 Peter Bloch u. a.: Denkmal Albrecht Thaers – Theodor Fontane, Johann Wolfgang v. Goethe, Hugo Hagen, Christian Daniel Rauch, Karl Friedrich Zelter, Berlin 1992, S. 14 (Dahlemer Materialien 3. Schriftenreihe der Domäne Dahlem. Landgut und Museum, hrsg. v. Karl-Robert Schütze).

21 Geheimes Staatsarchiv, HA I. Rep 89 Nr. 20893 Bl. 4.

22 Wilhelm Körte: Albrecht Thaer a. a. O., S. 1.

23 Wilhelm Körte: Albrecht Thaer a. a. O., S. 3.

24 Geheimes Staatsarchiv, HA I Rep 89 Nr. 20893 Bl. 6.

25 Zit. nach Robert Graefrath und Bernhard Maaz: Die Friedrichswerdersche Kirche in Berlin. Baudenkmal und Museum, Berlin/München 1993, S. 133.

26 Zit. nach Ägina Nelius: Der Schinkelplatz und seine Denkmäler a. a. O., S. 63.

27 Zit. nach Jutta von Simson: Christian Daniel Rauch. Œuvre-Katalog, Berlin 1996, S. 430.

28 Peter Bloch u. a.: Denkmal Albrecht Thaers a. a. O., S. 3.

29 Zit. nach Volkmar Essers: Johann Friedrich Drake 1805–1882, München 1976, S. 69 (Materialien zur Kunst des neunzehnten Jahrhunderts Bd. 20; Forschungsunternehmen der Fritz Thyssen Stiftung – Arbeitskreis Kunstgeschichte).

30 Georg Wilhelm Friedrich Hegel: Ästhetik Bd. 1, hrsg. v. Friedrich Bassenge, Berlin 1985, S. 388.

31 Geheimes Staatsarchiv, Akten der Friedrich-Wilhelms-Universität zu Berlin, Rep. 76 V a, Sect. 2, Tit. I, Nr. 13.

32 Georg Wilhelm Friedrich Hegel: Ästhetik Bd. 1, a. a. O., S. 466 f.

33 Geheimes Staatsarchiv HA I Rep 89 Nr. 20894 Bl 1.

34 Geheimes Staatsarchiv HA I Rep 89 Nr. 20894 Bl. 2.

35 Geheimes Staatsarchiv HA I Rep 89 Nr. 20894 Bl. 5.

36 Zit. nach Ägina Nelius: Der Schinkelplatz und seine Denkmäler a. a. O., S. 53.

37 Geheimes Staatsarchiv HA I Rep 89 Nr. 20894 Bl. 9.

38 Geheimes Staatsarchiv HA I Rep 89 Nr. 20894 Bl. 11.

39 Geheimes Staatsarchiv HA I Rep 89 Nr. 20894 Bl. 16.

40 Robert Springer: Berlin. Die deutsche Kaiserstadt nebst Potsdam und Charlottenburg mit ihren schönsten Bauwerken und hervorragendsten Monumenten, Darmstadt 1878, S. 108 (Nachdruck der Originalausgabe Berlin 1977).

41 Robert Springer: Berlin a. a. O., S. 107.

42 Geheimes Staatsarchiv HA I Rep 89 Nr. 20894 Bl. 25.

43 Zit. nach Ägina Nelius: Der Schinkelplatz und seine Denkmäler a. a. O., S. 71.

44 Geheimes Staatsarchiv HA I Rep 89 Nr. 20894 Bl. 79.

45 Friedrich August Ludwig von der Marwitz: Nachrichten aus meinem Leben 1777–1808, hrsg., m. Anm. u. e. Nachw. vers. v. Günter de Bruyn, Berlin 1989, S. 97 (Märkischer Dichtergarten, hrsg. v. Günter de Bruyn u. Gerhard Wolf).

46 Zit. nach Helmut Reihlen: Christian Peter Wilhelm Beuth a. a. O., Anhang.

47 Zit. nach Helmut Reihlen: Christian Peter Wilhelm Beuth a. a. O., Anhang, S. 153.

48 Zit. nach Jutta von Simson: Christian Daniel Rauch a. a. O., S. 426.

49 Hermann Grimm: Deutsche Künstler. Sieben Essais, Stuttgart 1942, S. 222 (Kröners Taschenausgabe Bd. 184).

50 Gustav Friedrich Waagen: Karl Friedrich Schinkel als Mensch und Künstler. Die erste Biografie Schinkels im Berliner Kalender von 1844 als Reprint, hrsg. u. eingel. v. Werner Gabler, Düsseldorf 1980, S. 408.

51 Peter Bloch u. a.: Denkmal Albrecht Thaers a. a. O., S. 6.

52 Peter Bloch u. a.: Denkmal Albrecht Thaers a. a. O., S. 5.

53 Peter Bloch u. a.: Denkmal Albrecht Thaers a. a. O., S. 18.

54 Friedrich Adler: Die Bauschule zu Berlin a. a. O., S. 95.

55 Gustav Friedrich Waagen: Schinkelrede 1854, in: Zeitschrift für Bauwesen, Jg. IV, Berlin 1854, Sp. 304.

56 Friedrich Adler: Die Bauschule zu Berlin von C. F. Schinkel a. a. O, S. 91.

57 Neuestes Conversations-Handbuch a. a. O., S. 54.

58 Gustav Friedrich Waagen: Karl Friedrich Schinkel a. a. O., S. 400.

59 Friedrich Adler: Die allgemeine Bauschule a. a. O., S. 99.

60 Friedrich Adler: Die allgemeine Bauschule a. a. O., S. 99.

61 Gustav Friedrich Waagen: Karl Friedrich Schinkel a. a. O., S. 408.

62 Adresskalender 1845, S. 130.

63 Adresskalender 1845, S. 130.

64 Adresskalender 1845, S. 169.

65 Adresskalender 1845, S. 169.

66 Adresskalender 1842, S. 167.

67 Zit. nach Reinhart Strecke: „Dem Geist der neuen Verfassung gemäß". Vom Oberbaudepartement zur Oberbaudeputation, in: Aus der Arbeit des Geheimen Staatsarchivs Preußischer Kulturbesitz, hrsg. v. Jürgen Klosterhuis, Berlin 1996, S. 100 (Veröffentlichungen aus den Archiven Preußischer Kulturbesitz, hrsg. v. Jürgen Klosterhuis u. Iselin Gundermann. Arbeitsberichte 1).

68 Zit. nach Reinhart Strecke: „Dem Geist der neuen Verfassung gemäß" a. a. O., S. 93.

69 Zit. nach Reinhart Strecke: „Dem Geist der neuen Verfassung gemäß" a. a. O., S. 102.

Helmut Engel

Heimat Berlin

Im allgemeinen Sprachgebrauch war „Heimat" bis zum Ende des 19. Jahrhunderts zunächst nur „das Land oder auch nur der Landstrich, in dem man geboren ist oder bleibenden Aufenthalt hat",[1] somit die Bezeichnung für den Geburtsort oder auch den, an dem man sein „Heim" – seine Wohnung – hatte. Die Heimat als Geburts- und / oder ständiger Wohnort, auch das elterliche Haus und das Besitztum fanden sich im „Heimatrecht" wieder, ehe der Begriff um die Wende vom 19. ins 20. Jahrhundert eine gänzlich andere Sinngebung erhielt. Nach der Reichsgewerbeordnung vom Ende des 19. Jahrhunderts war die Befugnis zum Betreiben eines Gewerbes nicht mehr an das Gemeindebürgerrecht gebunden, womit das Heimatrecht seinen letzten wesentlichen Inhalt verloren hatte. Die Weimarer Republik verankerte schließlich in der Verfassung die Freizügigkeit aller Deutschen im ganzen Reich; jeder hatte nun das Recht, sich an jedem beliebigen Ort aufzuhalten und niederzulassen, dort Grundbesitz zu erwerben und einen Beruf auszuüben.

Das Heimatrecht erwarb man „in einer Gemeinde ... durch Geburt, Gründung eines eigenen Haushalts oder durch Aufenthalt". Das „Heimatsrecht wurde durch Abstammung, Aufnahme in den Gemeindeverband oder durch Aufenthalt während einer Reihe von vielen Jahren erworben."[2] Durch Wegzug ging es nicht verloren. Seit dem 16. Jahrhundert bezog sich das Heimatrecht auch auf die Armenpflege; die politische Gemeinde war verpflichtet, für jene Bedürftigen zu sorgen, die es in ihr besaßen. Nötigenfalls musste die Heimatgemeinde einen verarmten Heimatberechtigten wieder an- und aufnehmen – was Ursache dafür war, dass mit dem Heimatrecht engherzig umgegangen wurde.

Erst in freier Anwendung wurde 'Heimat' über die Rechtsdefinition hinausgehend Ausdruck einer freiwillig langfristigen und schicksalhaften Bindung an einen Raum oder an einen Ort in einer ganz bestimmten und auf Dauer ausgelegten Ausprägung. Eine solche Bindung an Heimat entstand kennzeichnenderweise in einer kulturgeschichtlichen Entwicklungsphase an der Wende vom 19. ins 20. Jahrhundert mit dem Ziel der Abwehr hemmungsloser Veränderungen bis dahin vertrauter Lebensverhältnisse, zu einem Zeitpunkt, an dem das Heimatrecht seine juristische Wirksamkeit verloren hatte. Beklagt wurde von den Vertretern des Heimatgedankens der Verlust der malerischen Schönheiten in Dorf, Stadt und Landschaft durch den scheinbar nicht zu bremsenden Fortschritt der technischen Zivilisation als Folge der prosperierenden wirtschaftlichen Entwicklung. Heimatgefühl musste somit seinen Ausdruck in der Abwehr aller Gefährdungen finden, die diese Charaktermerkmale der Heimat beispielsweise durch Zerstörung der Geschichtszeugnisse und durch verändernde Eingriffe in die Naturlandschaft bedrohten. Zwei Haltungen im Eintreten für Heimat blieben also bestimmend: die Abwehr von Gefährdungen und das Erfassen sowie das Bewahren ihrer Merkmale.

So entstand die Bewegung des Heimatschutzes und das neue Lebensgefühl fand in Preußen mit dem „Gesetz gegen die Verunstaltung von Ortschaften und landschaftlich hervorragenden Gegenden" vom 15. Juli 1907 seine rechtliche Grundlage.
Zuvor war es 1904 nach einem Vorlauf in den letzten Jahrzehnten des 19. Jahrhunderts auf nationaler Ebene zur Gründung des Deutschen Heimatbundes gekommen, dessen Wurzeln wesentlich im Wirken Ernst Rudorffs zu sehen sind. Rudorff, der in seiner Jugend von Clara Schumann gefördert worden war, stand Zeit seines Lebens unter dem Eindruck seiner Jugendzeit, die er während der Ferien im Hannoverschen in ländlicher Umgebung verbracht hatte. Seit 1869 Professor an der Königlichen Hochschule für Musik in Berlin war er in seiner Musikertätigkeit vor allem den Romantikern wie Carl Maria von Weber verpflichtet. In den siebziger Jahren des 19. Jahrhunderts begann er, den Schutz des Heimatraumes einzufordern, damit die Grundlagen für den Schutzgedanken für Heimat und Natur legend. Mit seinem öffentlichen Auftreten trug er dazu bei,[3] ein umfassenderes Kulturverständnis im Sinne einer Geschichtslandschaft zu entwickeln, als es das Verfolgen antiquarischer Einzelinteressen in den Geschichtsvereinen zu bewirken vermochte. „Die Seele des Volkes – ... – kann nicht gesund bleiben, wenn ihr der Hintergrund unverfälschter Natur in ihrem Vaterlande genommen wird; sie muss, – wenn sie nicht verkümmern und ausarten soll, – in ihrer Landschaft und in den Denkmälern ihrer Vergangenheit gleichsam ein Spiegelbild ihres innersten Wesens bewahren dürfen, aus dem ihr das Ideal ihrer Eigenart, wie diese sich im Laufe der Jahrtausende herausgebildet hat, immer wieder frisch und ungetrübt entgegenleuchtet. Hier liegt der wahre Jungbrunnen des Volksthums! / Man kann nicht schlagender und schöner über den hohen, unersetzlichen Werth reden, den die Natur für das Gemüth des Menschen hat, als es Schiller in einem seiner prosaischen Aufsätze getan hat. Er sagt: / 'Es giebt Augenblicke in unserem Leben, wo wir der Natur in Pflanzen, Mineralien, Thieren, Landschaften, sowie der menschlichen Natur in Kindern, in den Sitten des Landvolks und der Urwelt, nicht weil sie unsern Sinnen wohlthut, auch nicht, weil sie unsern Verstand oder Geschmack befriedigt, – von beiden kann oft das Gegentheil stattfinden, – sondern blos, weil sie Natur ist, eine Art von Liebe und von rührender Achtung widmen. Jeder feinere Mensch, dem es nicht ganz und gar an Empfindung fehlt, erfährt dieses, wenn er im Freien wandelt, wenn er auf dem Lande lebt, oder sich bei den Denkmälern der alten Zeit verweilet, kurz, wenn er in künstlichen Verhältnissen und Situationen mit dem Anblick der einfältigen Natur überrascht wird. ... Es sind nicht diese Gegenstände, es ist eine durch sie dargestellte Idee, was wir in ihnen lieben. Wir lieben in ihnen das stille schaffende Leben, das ruhige Wirken aus sich selbst, das Dasein nach eignen Gesetzen, die innere Notwendigkeit, die

ewige Einheit mit sich selbst.' ..." Und weiter Schiller in der Argumentation folgend grenzte Rudorff die Natur- und Geschichtswelt in ihrer originären Besonderheit von allen Nachahmungen und Künstlichkeiten ab: „Und wenn er [d. h. Schiller] fortfährt: – 'Könnte man einer gemachten Blume den Schein der Natur und der vollkommensten Täuschung geben, ... so würde die Entdeckung, daß es Nachahmung sei, das Gefühl, von dem die Rede ist, gänzlich vernichten.' – muß man nicht gestehen, daß der Natursport unserer Tage, der sich an künstlichen Wasserfällen und bengalischen Felsenbeleuchtungen berauscht, nicht überzeugender der Lächerlichkeit preisgegeben werden kann, als es mit diesen Worten geschieht?"[4]

Die Begründung Rudorffs ging von einem umfassenden Gesamtbild aus, davon, „... daß die Aufgabe nicht nur die sein könne, vereinzelt bedeutsame Denkmäler der künstlerischen Thätigkeit vergangener Jahrhunderte zu erhalten, wie etwa den Dom zu Köln und den Kaiserpalast zu Goslar, sondern daß man bestrebt sein müsse, die Gesamtphysiognomie des Vaterlandes, wie sie im Laufe der Jahrhunderte und Jahrtausende sich entwickelt hat, vor gedankenloser oder bewußter Verwüstung zu schützen. ... Und so gilt es vor Allem darauf zu dringen, daß in der Gesetzgebung die Wichtigkeit des ästhetischen Moments auch für das sittliche Gedeihen des Volkes in ihrem vollen Umfange anerkannt, daß der Erkenntniß Raum geschafft werde, wie unverantwortlich es ist, jedem spekulativen Gelüst des Einzelnen die äußerste Rücksicht und Schonung angedeihen zu lassen, während man es duldet, daß darüber der heilige Besitz der Gesammtheit des Volkes, das ideale Gut geschichtlich gewordener eigenthümlicher Poesie und Schönheit des heimatlichen Landes mehr und mehr verkümmert und endlich vernichtet werde."[5]

Dieses Manifest, welches das Entstehen eines Empfindens von Heimat dokumentiert, lässt deutlich werden, dass eine heutige Auseinandersetzung mit dem Phänomen Heimat – zumal unter den besonderen Bedingungen in Berlin – abweichende Züge angenommen hat. Von der Emphase des Eintretens ist wenig geblieben, der Bezug zum Vaterländischen nicht mehr gegeben.

Wie kann Berlin heute „Heimat" und nicht nur „Lebensmittelpunkt" sein oder künftig werden?

Einem bereits in seiner sprachlichen Kennung eher sachlich kühlen „Lebensmittelpunkt" möchte man eigentlich unterstellen, dass er einen Ort meint, an dem sich Leben ohne gefühlsmäßige Bindung vollzieht, gewissermaßen nur vonstatten geht, und damit notwendiger-

weise eine Stadt zur Voraussetzung hat, die zum Befriedigen der damit einhergehenden Bedürfnisse einfach nur als mächtige Funktionsmaschine reibungslos läuft. In eine solche Welt mag sich denn auch eher der Jetset und / oder die Schickeria einordnen, die um sich selbst kreisen und deshalb kaum mit dem Gütesiegel einer mehr oder weniger dauerhaften Bindung an „Heimat" belegt werden können. Denn in diesen Kreisen bestätigt man sich nur selbst und trägt zum Wohl von Heimat nicht bei.
„Heimat ... bezeichnet einen unverwechselbaren Erfahrungsraum der Vertrautheit", die nach dem Verlust deshalb das Ziel von Sehnsucht werden kann, wofür der Schlager „Heimat deine Sterne" ein überaus illustrierendes Beispiel ist.[6] Heimat ist zunächst der Gegenbegriff zur Fremde. Fremde kann weiter aber auch Moderne sein. Das Empfinden und Verlangen nach Heimat entspringt dann mehr oder weniger unausgesprochen dem Unbehagen gegenüber dem progressiv Neuen, wurzelt damit im Verlust oder sogar erst der Bedrohung von Vertrautheiten. „Heimat" liefert sich damit dem tatsächlichen oder auch nur scheinbaren Gegensatz zur Moderne aus, die ihrerseits nur den Lebensmittelpunkt will, und bietet somit der Polemik aus der Richtung dieser anderen Lebenshaltung eine offene Flanke. Tatsächlich scheint sich 'Heimat' angesichts der propagierten Globalisierung und des mit ihr ausgelösten Erfolgsdrucks jenseits jeglicher Aktualität zu befinden. Neudeutsch gesprochen wäre Heimat damit „mega out". Der Weltbürger – möglicherweise altväterlicher Prägung – bedarf jedoch der Heimat als eines Fluchtpunktes, der sich, an der 'weiten Welt' gemessen, in seiner Werthaltigkeit nur um so mehr schärft – globales Agieren kann Heimat somit geradezu herausfordern, will man nicht einfach nur mit den Fieberkurven der Börsen um den Globus surfen.
Die dauerhafte und gefühlsmäßige Bindung an einen Raum oder einen Ort unterliegt in seiner oft unbewussten Unterfütterung einer bestimmten Spannweite. Sie reicht als kaum auflösbares Bündel vom blinden Vertrautsein mit dem unmittelbaren persönlichen Umfeld bis zum Gefühl der Mitverantwortung für das Gedeihen des Gemeinwesens, das den Rahmen für Heimat bildet. Denn diese soll in ihren Qualitäten Bestand haben, Kontinuität aufweisen und nicht ständig umgemodelt werden. Auf der Skala der Bindewirkungen an Heimat liegen denn auch als auslösende Ursachen das ausgeprägte Empfinden für die ästhetische Beschaffenheit des Ortes, an dem man lebt – Heimat soll nicht nur von Dauer, sondern auch schön sein –, und die Aufgeschlossenheit gegenüber ihrer Geschichte bis hin zu der des Gemeinwesens. Die geschichtliche Tiefe wird als wesentliche Konstante erachtet: Heimat ist in der Zeit und über lange Zeit gewachsen. Das Gefühl bürgerpolitischer Mitverantwortung äußert sich deshalb in der Sorge, dass die ästhetischen Qualitäten der Heimat zerstört werden könnten oder umgekehrt dringend wiederher-

gestellt werden sollten und die Zeugnisse der Geschichte bis hin zum tatsächlichen Denkmal nicht genügend gepflegt, dass sie missachtet oder gar zerstört und verdrängt werden. Mit solchen Sorgen um Bestand und Pflege löst sich Heimat aber aus nur dumpfen Gefühlen oder verordneten Haltungen zum nur Tradierten.

Der Spannungsbogen dessen, was als „Raum" den Urgrund für Heimat bildet, reicht von in sich homogenen Gebieten bis zum Kiez, dessen räumliche Grundlage ein mehr oder weniger fest umrissenes Gebiet mit einer überwiegend sozial in sich geschlossenen Bewohnerschaft ist, und – aus Gründen besonderer Solidarität – zu „unserer Straße". Erst der eigene Grund und Boden macht Heimat dann ausschließlich zum Gegenstand des ureigenen persönlichen Empfindens und des Eintretens für sie.

Wenn im Sommer zwischen 4 und 5 Uhr früh die aufgehende Sonne über die Schrebergärten auf der gegenüberliegenden Straßenseite in das Schlafzimmer zu scheinen beginnt und sich vom weit geöffneten Fenster mit Blick auf den grünen und blühenden Vorgarten die wohltuende Kühle des beginnenden Tages empfinden lässt, sich die Schläfrigkeit der Nacht verflüchtigt, ist man in Übereinstimmung mit dem Ort, an dem man – im Wortsinn – sein Leben verbringt und sich nicht nur aufhält. Das Barfußtreten im taunassen Gras, der Kniguss aus dem Gartenschlauch ganz nach Vater Kneipp vor der Kulisse des Waldes, den neugierigen Blicken der Hausmitbewohner durch das kleine Haus entzogen, in dem die Bienenvölker untergebracht sind, der eilige Gang über das in Grund und Boden gefahrene Natursteinpflaster der kurzen Straße (die hoffentlich nie asphaltiert wird, denn dann verlöre sie ihren Reiz) zur Brücke über den Fluss gehören allesamt zur Heimat. Selbst das innerliche Fluchen über einen Senator, der in der Öffentlichkeit immer laut die „saubere Stadt" einfordert, die jedoch am Stadtrand nie ankommt, wo leere Bierdosen im Wasser schwimmen, sich Zivilisationsmüll zwischen Büschen und Bäumen sammelt (und wieder einmal eine zuständige Stelle auf Trab gebracht werden muss – sofern sie sich überhaupt auf Trab bringen lässt) und Grünflächen und Gehölzbestände vielleicht ökologisch, jedoch lieblos unterhalten werden, ist Gradmesser des Eintretens für Heimat. Noch immer steht also „meiner Heimat Haus im schönsten Wiesengrunde", nur heute mit zunehmend verschmutzter Umwelt. Heimat muss somit ein weiteres Mal zur Verteidigung aufrufen und Schutz einfordern.

Quer durch alle Empfindungsvarianten spielt die sinnliche Wahrnehmung der räumlichen und ästhetischen Beschaffenheit sowie in aller Regel der Bezug zur Natur – wenn vorhanden – eine gewichtige Rolle. Der dem eigenen Umfeld entgegengesetzte, weil abstrakteste Bezugspunkt für Heimat wäre demgegenüber das Bekenntnis zu Berlin als Ganzem und zu seinem historisch politischen Schicksal, nicht überhöht bis zum Vaterland, das Kurt Tucholsky 1927 in der „Weltbühne" als „Albdruck der Heimat" kennzeichnete, um auf ihren eigentlichen Kern zurückzuverweisen.[7]

Heimat wird als etwas beständig Elementares und als Zustand von Dauer empfunden. Sie ist nicht kunstvoll, geschweige denn 'schick'. Sie entzieht sich rationalen Planungsprozessen – sie kann nicht geplant werden. Und vor allem: Heimat wird geliebt und muss deshalb gepflegt werden. Sie will jedoch nicht nur geliebt, sondern auch 'begriffen' werden. Dazu gehört aber, sie aus ihrer geschichtlichen Entwicklung heraus zu verstehen. Dies bedeutet: Erst wenn ich die Geschichte meiner Heimat kenne, begreife ich sie. Und somit erstreckt sich der Schutz von Heimat auf deren Zeugnisse von geschichtlicher oder künstlerischer Bedeutung wie auf ihre naturhafte schöne Landschaft.

Heimatliebe wird zum Ausdruck von Treue. „Der ist in tiefster Seele treu, wer die Heimat so liebt wie Du." Heimatliebe vermag Solidargemeinschaften auszulösen, die mehr beinhalten als nur das Zusammengehörigkeitsgefühl in einer sozial geschichteten Gesellschaft.[8]

Berlin ist als Gemeinwesen keine homogene Stadt!

Dass Berlin „viele Städte" sei, gehört fast schon zum allgemeinen Sprachgut. Das „viele Städte" ergibt sich allein schon aus der Bildung der Gesamtgemeinde „Groß-Berlin" im Jahr 1920. Sie setzte sich aus sieben eigenständigen Städten und an die siebzig Gemeinde-, Guts- und Forstbezirken zusammen und war ein verwaltungstechnisches Kunstgebilde, mit dem man den Druck der expandierenden Reichshauptstadt kanalisieren und in planbare Formen bringen wollte. Heute kommt ein weiteres, inzwischen historisches Faktum in der Stadt hinzu, denn nach jahrzehntelanger politischer Teilung gibt es in der gefühlsmäßigen Bindung für manche zwei Berlins – das Berlin der ehemaligen Hauptstadt der DDR und das Berlin der westlichen Bezirke. Spötter behaupten deshalb, ordentliche 'Wessis' kämen im Bezirk Mitte nur bis zur Schlossbrücke. Schließlich mag auch das soziale Gefälle in der Gesamtstruktur der Stadt zwischen dem vornehmen, eigentlich immer nach Potsdam schielenden Südwesten – heute wohl mit Dahlem als Kern – und dem derberen Südosten um den Müggelsee herum eine Rolle spielen. Selbst irrational genährte Gefühle eines 'besonderen Weges', wie er in Spandau regelrecht gepflegt wurde oder immer noch wird und die von der Los-von-Berlin-Bewegung der Zeit der Bildung von Groß-Berlin herrühren, wirken immer noch nach.

Heimat Berlin steht außerdem im Widerspruch zu der vielleicht resignierenden Feststellung Karl Schefflers aus dem Jahre 1910, wonach diese Stadt gewissermaßen dazu verdammt sei, immer nur zu werden und nie zu sein. Kann aber eine Stadt, die nie zur Ruhe kommt, Heimat sein? Berlin hat sich seit dem 19. Jahrhundert als ein Gemeinwesen verstanden, das sich der Moderne zu verpflichten hat und sich die Fesseln der Vergangenheit nicht anlegt. Aus diesem Selbstverständnis nährten sich dann künstlerische und politische Ideologien, die im Namen des Fortschritts das Alte glaubten bedenkenlos opfern zu können. Bereits seit den neunziger Jahren des 19. Jahrhunderts scheint die Amerikanisierung der Welt nicht mehr aufzuhalten zu sein, will man den Anschluss an die Entwicklung in der Welt nicht verschlafen. Ein Martin Wagner mochte während der Weimarer Republik bei der Modernisierung der Stadt gewissermaßen vor dem Brandenburger Tor gerade noch Halt machen, ein Walter Ulbricht aber respektierte nach der Katastrophe von 1945 noch nicht einmal einen Andreas Schlüter – das Stadtschloss wurde abgebrochen. – Und der in der Wurzel aus der Weimarer Republik genährte offene Städtebau der Nachkriegszeit löste mit dem Abräumen der kriegszerstörten Stadt in ihren geschichtsgeprägten inneren Zonen schließlich auch die Vernichtung ihrer historischen Topographie und damit ihrer historisch gewachsenen Struktur aus.

Erst die Zeichen der jüngeren Vergangenheit lassen ahnen, dass Berlin vielleicht beginnen könnte, eine Stadt mit einem Bewusstsein für Heimat zu werden, und das nicht mehr aus der Opposition einer Minderheit zur Moderne, sondern als konstituierendes Wesensmerkmal ihrer Bürger.

Heimat Berlin wird sich in ihrem Ausdruck sicherlich auf zwei Ebenen vollziehen: Einmal muss erprobt werden, die gesamte Stadt dafür Grundlage werden zu lassen – Kennedys „Ich bin ein Berliner" mag dabei ein Kristallisationspunkt sein. Auf diese Ebene gehört auch die Restitution bestimmter Denkmäler wie die der „Helden ohne Degen", die auf der Ebene eines Kiezes einfach nicht einzuordnen sind, gehört die Frage nach dem Wiederaufbau beispielsweise der Schinkelschen Bauakademie, gehört das Planwerk Innenstadt, mag man über dessen derzeitigen Reifegrad noch so sehr unterschiedlicher Auffassung sein. All das könnte dazu beitragen, Vertrautheit mit Berlin herzustellen und zu gewährleisten.

Heimat Berlin wird aber wesentlich die Heimat der eigenen engeren Lebenswelt sein: die ehemals selbständige Stadt – Heimat Spandau, das immer noch existierende Dorf – Heimat Lübars oder Rahnsdorf, die alte Villenkolonie – Heimat Dahlem, der Kiez in den Stadterweiterungsgebieten des 19. Jahrhunderts – Heimat Kreuzberg und Heimat Prenzlauer Berg. Immer wird Heimat von denen getragen, die sich mit ihr verbinden. Umgekehrt ist für die ehemalige Stadt Köpenick kennzeichnend, dass in ihr kaum Heimatbürger wohnen, die das schöne kleine Städtchen zu ihrer Heimat machen wollen.

Anmerkungen

1 Deutsches Wörterbuch von Jacob und Wilhelm Grimm, Bd. 10, München 1984, S. 865.

2 Carl Dieckmann: Verwaltungsrecht. Ein Hand- und Lehrbuch zur Einführung in die Verfassung und innere Verwaltung des Deutschen Reichs und Preußens, Berlin 1923, S. 513, 516.

3 Vgl. z. B. Ernst Rudorff: Über das Verhältniß des modernen Lebens zur Natur, in: Preußische Jahrbücher 1880.

4 Der Schutz der landschaftlichen Natur und der geschichtlichen Denkmäler Deutschlands. Vortrag gehalten zu Berlin im Allgemeinen Deutschen Verein am Mittwoch, den 30. März 1892, von Ernst Rudorff, Professor an der Kgl. Hochschule für Musik zu Berlin, Berlin 1892, S. 8 f.

5 Der Schutz der landschaftlichen Natur a. a. O., S. 21.

6 Christian Graf von Krockow: Heimat. Eine Einführung in das Thema, in: Heimat. Analysen, Themen, Perspektiven, Bonn 1990, S. 56 (Bundeszentrale für politische Bildung. Schriftenreihe Bd. 294/I; Diskussionsbeiträge zur politischen Didaktik).

7 Zit. nach Christian Graf von Krokow: Heimat a. a. O., S. 65

8 Will Cremer und Ansgar Klein: Heimat in der Moderne, in: Heimat a. a. O., S. 46.

Quellen und Literatur

Quellen

Geheimes Staatsarchiv Preußischer Kulturbesitz Berlin, HA I Rep 89 Nr. 20894

Geheimes Staatsarchiv Preußischer Kulturbesitz Berlin, Akten der Friedrich-Wilhelms-Universität zu Berlin, Rep. 76 V a, Sect. 2, Tit. I

Literatur

Abri, Martina: Die Friedrichwerdersche Kirche zu Berlin. Technik und Ästhetik in der Backsteinarchitektur K. F. Schinkels, Berlin 1992 (Die Bauwerke und Kunstdenkmäler von Berlin, hrsg. v. d. Senatsverwaltung für Stadtentwicklung und Umweltschutz, Landeskonservator)

Adler, Friedrich: Die Bauschule zu Berlin von C. F. Schinkel, in: Festreden. Schinkel zu Ehren 1846–1980, ausgew. u. eingel. v. Julius Posener, hrsg. v. Architekten- und Ingenieur-Verein zu Berlin (AIV), Berlin o. J.

Adresskalender

Bloch, Peter u. a.: Denkmal Albrecht Thaers – Theodor Fontane, Johann Wolfgang v. Goethe, Hugo Hagen, Christian Daniel Rauch, Karl Friedrich Zelter, Berlin 1992 (Dahlemer Materialien 3. Schriftenreihe der Domäne Dahlem. Landgut und Museum, hrsg. v. Karl-Robert Schütze)

Darkow, Günter: Die Denkmäler Albrecht Daniel Thaers, in: Sechsundzwanzigstes Jahresheft der Albrecht-Thaer-Gesellschaft, hrsg. v. Direktor d. Albrecht-Thaer-Gesellschaft, Hannover o. J. (1993), S. 77 ff.

Essers, Volkmar: Johann Friedrich Drake 1805–1882, München 1976 (Materialien zur Kunst des neunzehnten Jahrhunderts Bd. 20; Forschungsunternehmen der Fritz Thyssen Stiftung – Arbeitskreis Kunstgeschichte)

Fördergesellschaft Albrecht Daniel Thaer (Hrsg.): Albrecht Daniel Thaer. Ein sinnvoll ausgesprochenes Wort wirkt auf die Ewigkeit – Zitatensammlung, Möglin 1998

Fontane, Theodor: Möglin. Albrecht Daniel Thaer, in: Wanderungen durch die Mark Brandenburg, T. 2: Das Oderland, Berlin 1976, S. 124

Graefrath, Robert und Bernhard Maaz: Die Friedrichswerdersche Kirche in Berlin. Baudenkmal und Museum, Berlin/München 1993

Grimm, Hermann: Deutsche Künstler. Sieben Essais, Stuttgart 1942 (Kröners Taschenausgabe Bd. 184)

Gutzkow, Karl: Berliner Erinnerungen und Erlebnisse, hrsg. v. Paul Friedländer, Berlin 1960

Gutzkow, Karl: Berlin – Panorama einer Residenzstadt, hrsg. u. m. e. Nachwort v. Wolfgang Rasch, Berlin 1995

Hässlin, Johann Jakob (Hrsg.): Berlin, München [6]1975

Hegel, Georg Wilhelm Friedrich: Ästhetik Bd. 1, hrsg. v. Friedrich Bassenge, Berlin 1985

Heim, Ernst Ludwig: Tagebücher und Erinnerungen, ausgew. u. hrsg. v. Wolfram Körner, Leipzig 1989

Hessler, Rudolf: Die Bildnisse Albrecht Daniel Thaers, in: Neunundzwanzigstes Jahresheft der Albrecht-Thaer-Gesellschaft, hrsg. v. Direktor der Albrecht-Thaer-Gesellschaft, Hannover o. J. (1999), S. 62 ff.

Heydick, Lutz, Günther Hoppe und Jürgen John (Hrsg.): Historischer Führer. Stätten und Denkmale der Geschichte in den Bezirken Potsdam, Frankfurt (Oder) / Leipzig / Jena / Berlin 1987

Hinz, Gerhard: Peter Joseph Lenné. Das Gesamtwerk des Gartenarchitekten und Städteplaners, 2 Teile, Hildesheim / Zürich / New York 1989

Karl Friedrich Schinkels Berliner Bauakademie. In Kunst und Architektur. In Vergangenheit und Gegenwart. Eine Ausstellung der Kunstbibliothek, Staatliche Museen zu Berlin – Preußischer Kulturbesitz und der GrundkreditBank eG, Berlin 1996

Klemm, Volker und Günther Meyer: Albrecht Daniel Thaer. Pionier der Landwirtschaftswissenschaften in Deutschland, Halle 1968

Klemm, Volker: Das „Thaer-Bild" im Wandel der Zeit, in: Schriftenreihe der Fördergesellschaft Albrecht Daniel Thaer, H. 3, Möglin 1995, S. 45 ff.

Klemm, Volker, Günther Darkow und Hans Rudolf Bork (Hrsg.): Geschichte der Landwirtschaft in Brandenburg, Budapest 1998

Körte, Wilhelm: Albrecht Thaer. Sein Leben und Wirken, als Arzt und Landwirth. Aus Thaer's Werken und literarischem Nachlasse, Neudruck d. Ausg. v. 1839 mit Genehmigung d. Verlages F. A. Brockhaus in Wiesbaden, früher Leipzig o. O. 1975

Leisewitz, C.: Thaer. Albrecht Daniel Th., in: Allgemeine Deutsche Biographie Bd. 37, Neudruck der 1. Auflage v. 1894, Berlin 1971, S. 636 ff.

Marwitz, Friedrich August Ludwig von der: Nachrichten aus meinem Leben 1777–1808, hrsg., m. Anm. u. e. Nachw. vers. v. Günter de Bruyn, Berlin 1989 (Märkischer Dichtergarten, hrsg. v. Günter de Bruyn u. Gerhard Wolf)

Mathematisches Calcul und Sinn für Ästhetik. Die preußische Bauverwaltung 1770–1848. Ausstellung des Geheimen Staatsarchivs Preußischer Kulturbesitz in Zusammenarbeit mit der Kunstbibliothek der Staatlichen Museen zu Berlin Preußischer Kulturbesitz, Berlin 2000

Mieck, Ilja: Von der Reformzeit zur Revolution (1806–1847), in: Geschichte Berlins Bd. 1, hrsg. v. Wolfgang Ribbe, München ²1988

Müller, Hans-Heinrich : Albrecht Thaers Mögliner Umfeld, in: Sechsundzwanzigstes Jahresheft der Albrecht-Thaer-Gesellschaft, hrsg. v. Direktor der Albrecht-Thaer-Gesellschaft, Hannover o. J. (1993), S. 60 ff.

Mythos Bauakademie. Die Schinkelsche Bauakademie und ihre Bedeutung für die Mitte Berlins. Ausstellungskatalog, Berlin 1998

Nelius, Ägina: Der Schinkelplatz und seine Denkmäler. Ein verschwundenes Ensemble in Berlins Mitte, in: Der Bär von Berlin. Jahrbuch des Vereins für die Geschichte Berlins, 43. F., Berlin / Bonn 1994

Neuestes Conversations-Handbuch für Berlin und Potsdam zum täglichen Gebrauch der Einheimischen und Fremden aller Stände, hrsg. durch einen Verein von Freunden der Ortskunde; unter d. Vorstande d. L. Freiherrn v. Zedlitz, Berlin 1834 (unveränd. Nachdruck d. Ausg. Berlin 1834, Berlin 1979)

Rave, Paul Ortwin: Karl Friedrich Schinkel. Berlin, T. 3: Bauten für Wissenschaft, Verwaltung, Heer, Wohnbau und Denkmäler, Berlin 1962, S. 38 ff.

Reihlen, Helmut: Christian Peter Beuth. Eine geschichtliche Betrachtung zum 125. Todestag 1979, hrsg. v. DIN Deutsches Institut für Normung e. V., Berlin, Köln 1979

Reihlen, Helmut: Christian Peter Wilhelm Beuth. Eine Betrachtung zur preußischen Politik der Gewerbeförderung in der ersten Hälfte des 19. Jahrhunderts und zu den Drakeschen Beuth-Reliefs, Berlin / Köln 1992

Senatsverwaltung für Bauen, Wohnen und Verkehr, Berlin (Hrsg.): Wiederaufbau der Bauakademie. Machbarkeitsstudie für vier Ideen, Berlin 1997 (Städtebau und Architektur – Bericht 37, 1997)

Simons, Walter: Albrecht Thaer. Nach amtlichen und privaten Dokumenten aus einer großen Zeit, Berlin 1929

Simson, Jutta von: Christian Daniel Rauch. Œuvre-Katalog, Berlin 1996

Springer, Robert: Berlin. Die deutsche Kaiserstadt nebst Potsdam und Charlottenburg mit ihren schönsten Bauwerken und hervorragendsten Monumenten, Darmstadt 1878 (Nachdruck der Originalausgabe Berlin 1977)

Strecke, Reinhart: „Dem Geist der neuen Verfassung gemäß". Vom Oberbaudepartement zur Oberbaudeputation, in: Aus der Arbeit des Geheimen Staatsarchivs Preußischer Kulturbesitz, hrsg. v. Jürgen Klosterhuis, Berlin 1996 (Veröffentlichungen aus den Archiven Preußischer Kulturbesitz, hrsg. v. Jürgen Klosterhuis u. Iselin Gundermann. Arbeitsberichte 1)

Streckfuss, Adolf: 500 Jahre Berliner Geschichte. Vom Fischerdorf zur Weltstadt, Berlin ²o. J.

Thaer, Albrecht Daniel: Landwirtschaftliche Gewerbs-Lehre – Neudruck 1967 n. d. Ausgabe letzter Hand, hrsg. v. d. Albrecht-Thaer-Gesellschaft, Celle/Hannover o. J. (1967)

Treue, Wilhelm: Christian Peter Wilhelm Friedrich Beuth, in: Berlinische Lebensbilder. Wissenschaftspolitik in Berlin – Minister, Beamte, Ratgeber, hrsg. v. Wolfgang Treue u. Karlfried Gründer, Berlin 1987, S. 119 ff. (Einzelveröffentlichungen der Historischen Kommission zu Berlin, Bd. 60: Berlinische Lebensbilder, hrsg. v. Wolfgang Ribbe. Bd. 3: Wissenschaftspolitik in Berlin)

Waagen, Gustav Friedrich: Karl Friedrich Schinkel als Mensch und Künstler. Die erste Biografie Schinkels im Berliner Kalender von 1844 als Reprint hrsg. u. eingel. v. Werner Gabler, Düsseldorf 1980

Waagen, Gustav Friedrich: Schinkelrede 1854, in: Zeitschrift für Bauwesen, Jg. IV, Berlin 1854

Zadow, Mario: Karl Friedrich Schinkel, Berlin 1980

Abbildungsnachweis

S. 48, 53   Archiv Engel
S. 36, 44, 61 2. Abb. v.o.   Stiftung Stadtmuseum
S. 104, 107, 108   Brandenburgisches Landesamt für Denkmalpflege, Meßbildarchiv
S. 61 3.–6. Abb. v.o., 90 r., 91, 92   DIN Deutsches Institut für Normung e.V., Berlin
S. 24 l., 62, 90 l., 94, 125   Foto Christoph Engel
S. 52, 73, 75   Gedenkstätte Möglin
S. 59 m., 76   Humboldt-Universität Berlin, Rechenzentrum, Multimediaservice. Foto S. Scholz
S. 7, 41 u., 88, 119   Landesbildstelle Berlin
S. 65, 87, 95   Landesdenkmalamt Berlin, Archiv Baudenkmalpflege
S. 49 u.   Staatliche Museen zu Berlin – Preußischer Kulturbesitz, Kupferstichkabinett
S. 21, 29, 41 o., 59 u., 82, 83, 85, 99, 105, 109, 113   Staatliche Museen zu Berlin – Preußischer Kulturbesitz,
    Kupferstichkabinett. Foto Jörg P. Anders
S. 57 r., 67 o.r.   Staatliche Museen zu Berlin – Preußischer Kulturbesitz, Nationalgalerie
S. 32, 33, 98   Staatliche Museen zu Berlin – Preußischer Kulturbesitz,
    Nationalgalerie. Foto Jörg P. Anders
S. 58, l. und m.r., 67 o.l.   Staatliche Museen zu Berlin – Preußischer Kulturbesitz,
    Nationalgalerie. Foto Klaus Göken
S. 31   Stiftung Preussische Schlösser und Gärten Berlin-Brabdenburg, KPM-Archiv (Land Berlin).
    Foto Jörg P. Anders
S. 43   Stiftung Preussische Schlösser und Gärten Berlin-Brandenburg, Plankammer/Archiv. Foto Handrick
S. 30   Verwaltung der Staatlichen Schlösser und Gärten Berlin-Brandenburg. Foto Jörg P. Anders
S. 34, 102   Verwaltung der Staatlichen Schlösser und Gärten Berlin-Brandenburg. Foto Walter Steinkopf

Reproduktionen aus Veröffentlichungen

S. 72, 74, 89   Bloch, Peter, u. a.: Denkmal Albrecht Thaers – Theodor Fontane, Johann Wolfgang v. Goethe,
    Hugo Hagen, Christian Daniel Rauch, Karl Friedrich Zelter, Berlin 1992: Titelbild, 51, 53, 121, 125
S. 55   Eberle, Gottfried und Michael Rautenberg (Hrsg.): Die Sing-Akademie zu Berlin und ihre Direktoren,
    Berlin 1998: 32
S. 57 l. und m.   Essers, Volkmar: Johann Friedrich Drake 1805–1882, München 1976: 186, 187
S. 58 m.l., 67 u.l. und u.r.   Graefrath, Robert und Bernhard Maaz: Die Friedrichswerdersche Kirche in Berlin.
    Baudenkmal und Museum, Berlin / München 1993: 98, 149, 153
S. 24 r., 39, 47, 49 o.   Hürlimann, Martin: Berlin. Berichte und Bilder, Berlin 1934: 262, 263, 266
S. 61 1. Abb. v.o.   Körte, Wilhelm: Albrecht Thaer. Sein Leben und Wirken, als Arzt und Landwirth. Aus Thaer's
    Werken und literarischem Nachlasse. Neudruck d. Ausg. v. 1839 mit Genehmigung d. Verlages F. A.
    Brockhaus in Wiesbaden, früher Leipzig, o. O. 1975: 2
S. 60   Lang, Max: Die Universität Berlin. Wien / Düsseldorf 1931: 9
S. 35, 42, 101, 117, 118   Mythos Bauakademie. Die Schinkelsche Bauakademie und ihre Bedeutung für die Mitte
    Berlins. Ausstellungskatalog, Berlin 1997: 15, 107, 117, 170, 197
S. 38–39   Panorama der Strasse Unter den Linden vom Jahre 1820, Berlin 1991: Farbtafel
S. 66   Pohle, Ulrich (Hrsg.): Unsere schöne Heimat. Museen und Bibliotheken, Berlin 1959: 6
S. 40, 96   Senatsverwaltung für Bauen, Wohnen und Verkehr Berlin (Hrsg.): Wiederaufbau der Bauakademie,
    Berlin 1997: 8, 11
S. 80   Reihlen, Helmut: Christian Peter Beuth. Eine geschichtliche Betrachtung zum 125. Todestag 1979, hrsg. v.
    DIN Deutsches Institut für Normung e. V., Berlin, Köln 1979: Tafel IV
S. 50, 58 r., 59 o., 81   Simson, Jutta von: Christian Daniel Rauch. Oevrekatalog, Berlin 1996: 176, 425, 426, 431
S. 46, 54   Simson, Jutta von: Christian Daniel Rauch. Preußische Köpfe, Berlin 1997: 73, 75

Soweit bekannt, stammen die Abbildungen von den o.g. Fotografen und aus den aufgeführten Museen, Archiven und Veröffentlichungen.

Die Deutsche Bibliothek - CIP-Einheitsaufnahme
Helden ohne Degen : der Schinkelplatz in Berlin /
Helmut Engel ; Ernst Freiberger ; Rupert Scholz. -
Tübingen ; Berlin : Wasmuth, 2000

ISBN 3-8030-4021-3

© 2000 Ernst Freiberger Stiftung und
Ernst Wasmuth Verlag Tübingen • Berlin
Lektorat: Sigrid Hauser, Sabine M. Vogler
Herstellung: Rosa Wagner
Reproduktionen: Medien Zentrum Aichelberg
Druck und Bindung: AZ Druck und
Datentechnik GmbH, Kempten
Printed in Germany

ISBN 3 8030 4021 3